D1755442

CHRISTIAN MORGENSTERN

PALMA KUNKEL

nebst vierzehn Gedichten aus
Gingganz

mit 50 Zeichnungen von
Fritz Fischer

EDITION CURT VISEL

Muhme Kunkel

Palma Kunkel ist mit Palm verwandt,
doch im übrigen sonst nicht bekannt.
Und sie wünscht auch nicht bekannt zu sein,
lebt am liebsten ganz für sich allein.

Über Muhme Palma Kunkel drum
bleibt auch der Chronist vollkommen stumm.
Nur wo selbst sie aus dem Dunkel tritt,
teilt er dies ihr Treten treulich mit.

Doch sie trat bis jetzt noch nicht ans Licht,
und sie will es auch in Zukunft nicht.
Schon, daß hier ihr Name lautbar ward,
widerspricht vollkommen ihrer Art.

Exlibris

Ein Anonymus aus Tibris
sendet Palman ein Exlibris.

Auf demselben sieht man nichts
als den weißen Schein des Lichts.

Nicht ein Strichlein ist vorhanden.
Palma fühlt sich warm verstanden.

Und sie klebt die Blättlein rein
allenthalben dankbar ein.

Wort-Kunst

Palma Kunkel spricht auch. O gewiß.
Freilich nicht wie Volk der Finsternis.

Nicht von Worten kollernd wie ein Bronnen,
niemals nachwärts-, immer vorbesonnen.

Völlig fremd den hilflos vielen Schällen,
fragt sie nur in wirklich großen Fällen.

Fragt den Zwergen niemals, nur den Riesen,
und auch nicht, wie es ihm gehe, diesen.

Nicht vom Wetter spricht sie, nicht vom Schneider,
höchstens von den Grundproblemen beider.

Und so bleibt sie jung und unverbraucht,
weil ihr Odem nicht wie Dunst verraucht.

Das Forsthaus

I

Palma Kunkel ist häufig zum Kuraufenthalt
in einem einsamen Forsthaus weit hinten im Wald,
von wo ein Brief so befördert wird,
daß ihn, wer gerade Zeit hat, ein Knecht oder Hirt
dem Wild des angrenzenden Jagdrevieres
um Hals oder Bein hängt ... worauf in des Tieres
erfolgender Schußzeit er, wenn auch oft spät,
auf ein Postamt und von dort an seine Adresse gerät.
So das Wild wie die Nachbarn sind stolz auf die Ehre,
und man weiß keinen Fall, daß ein Brief je verloren
         gegangen wäre.

II

Zehn Jahre später

Dies war so geschrieben vor manch einem Jahr.
Doch heute, da ist es in *so* fern nicht mehr wahr,
als – zuerst wars ein Kauz, der drauf kam,
die Sache dahin in Erwägung er nahm:
daß, wenn man direkt die postalische Bürde
besorgte, der Abschuß erspart bleiben würde.
Er ist damals gleich nach dem Postamt geflogen
und wurde als ›Brief-Kauz‹ auf einem großen Bogen
vermerkt und der Hirsch und der Has hinterher,
und schließlich waren die Jagdgründe leer:
Denn natürlich hatte das ganze Wild nun
nur noch zwischen Forsthaus und Reichspost zu tun,
und kam es dabei auch durchs alte Revier,
war es jetzt dort als ›Brief-Wild‹ geschütztes Getier.

DER PAPAGEI

Palma Kunkels Papagei
spekuliert nicht auf Applaus;
niemals, was auch immer sei,
spricht er seine Wörter aus.

Deren Zahl ist ohne Zahl:
denn er ist das klügste Tier,
das man je zum Kauf empfahl,
und der Zucht vollkomme Zier.

Doch indem er streng dich mißt,
scheint sein Zungenglied verdorrt.
Gleichviel, wer du immer bist,
er verrät dir nicht ein Wort.

›LORE‹

›Wie heißt der Papagei?‹ wird mancher fragen.
Doch nie wird jemand jemandem dies sagen.

Er ward einmal mit ›Lore‹ angesprochen –
und fiel darauf in Wehmut viele Wochen.

Er ward erst wieder voll und ganz gesund
durch einen Freund: Fritz Kunkels jungen Hund.

LORUS

Fritz Kunkels Pudel ward, noch ungetauft,
von einem Stiefmilchbruder Korfs gekauft.

Es trieb ihn, als er, hilfreich von Natur,
der sogenannten ›Lore‹ Leid erfuhr,

sogleich zu ihr: worauf er, der nicht hieß,
sich ihr zum Troste *Lorus* taufen ließ:

den Namen also gleichsam auf sich nehmend –
und alle Welt durch diese Tat beschämend!

Korf selbst vollzog den Taufakt unverweilt.
Der Vogel aber war fortan geheilt.

Gegensätze

Zäzilie wird von ›Lore‹ nicht geliebt,
was manchen ernsten Zwischenfall ergibt.
Denn diese spürt in Gegenwart der Dirne
zu stark den krassen Gegensatz der Hirne.

Man trifft vielleicht das Rechte, wenn man sagt:
Das ganze Leben dieser guten Magd
mag kaum so viel in puncto Scharfsinn taugen
als Ein Kalkül aus ›Lores‹ grauen Augen.

Doch Lorus ist Zäzilien wohlgesinnt.
Er tröstet insgeheim das arme Kind
und wischt zuweilen, ihr zur Kräfteschonung,
mit seinem Wedel Staub in Palmströms Wohnung.

Der Kater

Lorus, im Verlaufe seines Strebens,
trifft den ersten Kater seines Lebens.

Dieser krümmt, traditionellerweis,
seinen Rücken fürchterlich zum Kreis.

Lorus spricht mit unerschrockner Zärte:
»Pax vobiscum, freundlicher Gefährte!«

DER BART

Lorus, anerkannt als Phänomen,
soll durchaus als Polizeihund gehn.

Lange überlegt er hin und her,
denn der Fall ist ungewöhnlich schwer.

Gerne will sein Herz den Menschen dienen,
doch der Böse zählt wohl auch zu ihnen.

Und er ist, obschon ein Hund mit Bart,
doch kein Richter über Menschenart.

Schließlich, sich mit keinem zu verqueren,
läßt er sich den Bart von Palmström scheren –

und erlaubt sich, ihn zu gleichen Enden
diesen sowie jenen zuzuwenden.

Bartlos geht er so, doch kaum als Tor
aus dem schwierigen Konflikt hervor.

Der Droschkengaul

Ich bin zwar nur ein Droschkengaul, –
doch philosophisch regsam;
der Freß-Sack hängt mir kaum ums Maul,
so werd ich überlegsam.
Ich schwenk ihn her, ich schwenk ihn hin,
und bei dem trauten Schwenken
geht mir so manches durch den Sinn,
woran nur Weise denken.

Ich bin zwar nur ein Droschkengaul, –
doch sann ich oft voll Sorgen,
wie ich den Hafer brächt ins Maul,
der tief im Grund verborgen.
Ich schwenkte hoch, ich schwenkte tief,
bis mir die Ohren klangen.
Was dort in Nacht verschleiert schlief,
ich konnt es nicht erlangen.

Ich bin zwar nur ein Droschkengaul, –
doch mag ich Trost nicht missen
und sage mir: So steht es faul
mit allem Erdenwissen;
es frißt im Weisheitsfuttersack
wohl jeglich Maul ein Weilchen,
doch nie erreichts – o Schabernack –
die letzten Bodenteilchen.

Die Zirbelkiefer

Die Zirbelkiefer sieht sich an
auf ihre Zirbeldrüse hin;
sie las in einem Buche jüngst,
die Seele säße dort darin.

Sie säße dort wie ein Insekt
voll wundersamer Lieblichkeit,
von Gottes Allmacht ausgeheckt
und außerordentlich gescheit.

Die Zirbelkiefer sieht sich an
auf ihre Zirbeldrüse hin;
sie weiß nicht, wo sie sitzen tut,
allein ihr wird ganz fromm zu Sinn.

Mopsenleben

Es sitzen Möpse gern auf Mauerecken,
die sich ins Straßenbild hinaus erstrecken,

um von sotanen vorteilhaften Posten
die bunte Welt gemächlich auszukosten.

O Mensch, lieg vor dir selber auf der Lauer,
sonst bist du auch ein Mops nur auf der Mauer.

DER MEILENSTEIN

Tief im dunklen Walde steht er
und auf ihm mit schwarzer Farbe,
daß des Wandrers Geist nicht darbe:
Dreiundzwanzig Kilometer.

Seltsam ist und schier zum Lachen,
daß es diesen Text nicht gibt,
wenn es keinem Blick beliebt,
ihn durch sich zu Text zu machen.

Und noch weiter vorgestellt:
Was wohl ist er – ungesehen?
Ein uns völlig fremd Geschehen.
Erst das Auge schafft die Welt.

TÄUSCHUNG

Menschen stehn vor einem Haus, – –
nein, nicht Menschen, – Bäume.
Menschen, folgert Otto draus,
sind drum nichts als – Träume.

Alles ist vielleicht nicht klar,
nichts vielleicht erklärlich,
und somit, was ist, wird, war,
schlimmstenfalls entbehrlich.

Der Meilenstein

23 km

Tief im dunklen Walde steht er
und auf ihm mit schwarzer Farbe,
daß des Wandrers Geist nicht darbe:
Dreiundzwanzig Kilometer.

Seltsam ist und schier zum Lachen,
daß es diesen Text nicht gibt,
wenn es keinen Blick beliebt,
ihn durch sich zu Text zu machen
z. fassung

Und noch weiter vorgestellt:
Was wohl ist er — ungesehen?
Ein uns völlig fremd Geschehen.
Erst das Auge schafft die Welt.

Vice versa

Ein Hase sitzt auf einer Wiese,
des Glaubens, niemand sähe diese.

Doch, im Besitze eines Zeißes,
betrachtet voll gehaltnen Fleißes

vom vis-à-vis gelegnen Berg
ein Mensch den kleinen Löffelzwerg.

Ihn aber blickt hinwiederum
ein Gott von fern an, mild und stumm.

Die wiederhergestellte Ruhe

Aus ihrem Bette stürzt sie bleich
im langen Hemd und setzt sich gleich.

Die Zofe bringt ihr Rock und Schuh
und führt sie sanft dem Diwan zu.

Todmüd in grauen Höhlen liegt
der Blick, den Fieber fast besiegt.

Ihr ganzer Leib ist wie verzehrt,
als hätt in ihm gewühlt ein Schwert.

Der Arzt verkündet aller Welt,
sie sei nun wieder hergestellt.

Die Zofe kniet vor ihr und gibt
ihr von den Blumen, die sie liebt,

und schmückt sie zärtlich aus der Truhe:
die wiederhergestellte Ruhe.

AUF DEM FLIEGENPLANETEN

Auf dem Fliegenplaneten,
da geht es dem Menschen nicht gut:
Denn was er hier der Fliege,
die Fliege dort ihm tut.

An Bändern voll Honig kleben
die Menschen dort allesamt,
und andre sind zum Verleben
in süßliches Bier verdammt.

In Einem nur scheinen die Fliegen
dem Menschen vorauszustehn:
Man bäckt uns nicht in Semmeln,
noch trinkt man uns aus Versehn.

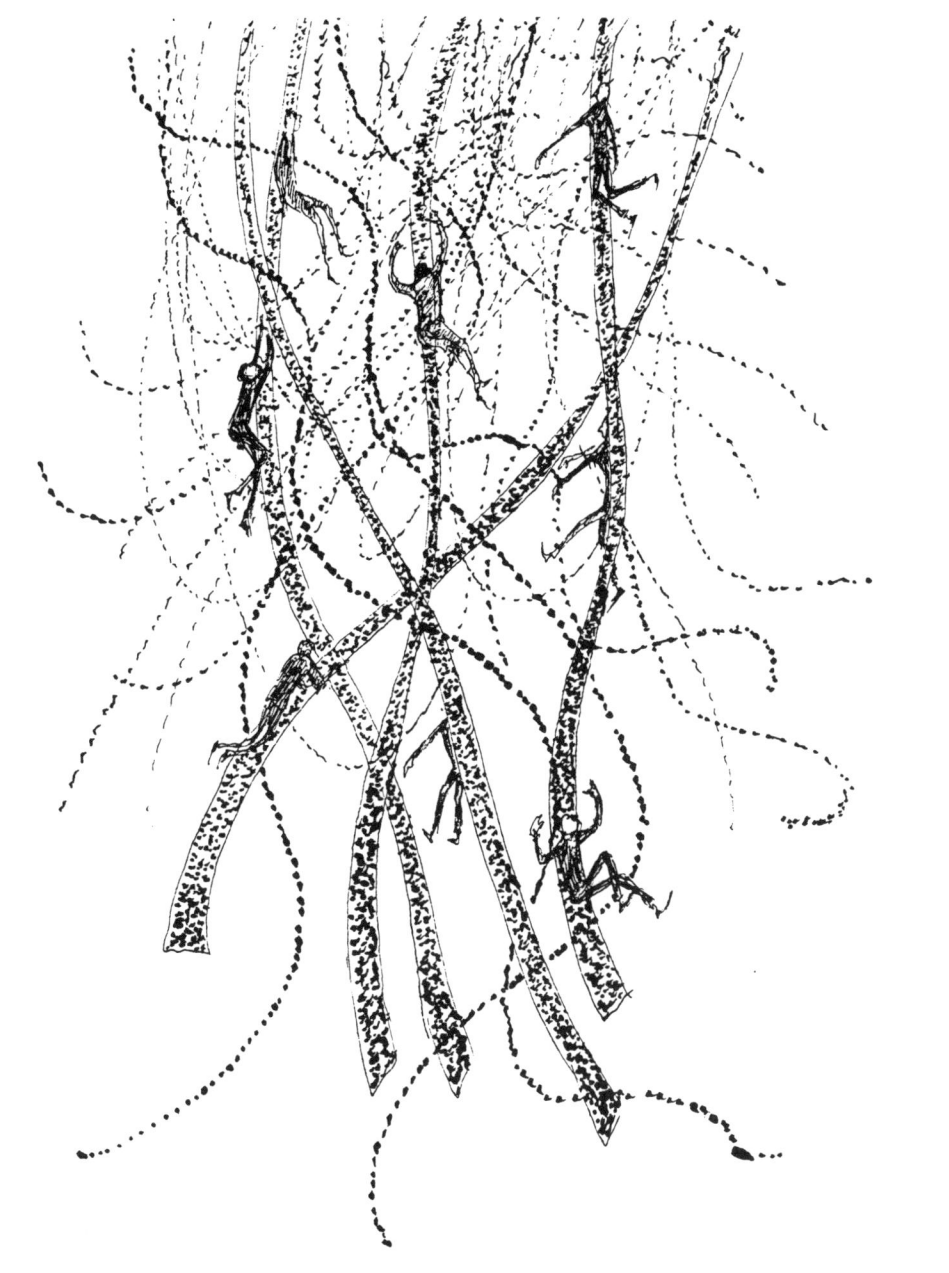

Das Perlhuhn

Das Perlhuhn zählt: Eins, zwei, drei, vier ...
Was zählt es wohl, das gute Tier,
  dort unter den dunklen Erlen?

Es zählt, von Wissensdrang gejückt,
(die es sowohl wie uns entzückt:)
  die Anzahl seiner Perlen.

Das Perlhuhn

Das Perlhuhn zählt: eins, zwei, drei, vier ...
Was zählt es wohl, das gute Tier,
dort unter den dunklen Erlen?

Es zählt, vom Wissensdrang gejückt,
(die es sowohl wie uns entzückt;)
die Anzahl seiner Perlen.

Das Einhorn

Das Einhorn lebt von Ort zu Ort
 nur noch als Wirtshaus fort.

Man geht hinein zur Abendstund
 und sitzt den Stammtisch rund.

Wer weiß! Nach Jahr und Tag sind wir
 auch ganz wie jenes Tier

Hotels nur noch, darin man speist –
 (so völlig wurden wir zu Geist).

Im ›Goldnen Menschen‹ sitzt man dann
 und sagt sein Solo an ...

DIE NÄHE

Die Nähe ging verträumt umher...
Sie kam nie zu den Dingen selber.
Ihr Antlitz wurde gelb und gelber,
und ihren Leib ergriff die Zehr.

Doch eines Nachts, derweil sie schlief,
da trat wer an ihr Bette hin
und sprach: »Steh auf, mein Kind, ich bin
der kategorische Komparativ!

Ich werde dich zum Näher steigern,
ja, wenn du willst, zur Näherin!« –
Die Nähe, ohne sich zu weigern,
sie nahm auch dies als Schicksal hin.

Als Näherin jedoch vergaß
sie leider völlig, was sie wollte,
und nähte Putz und hieß Frau Nolte
und hielt all Obiges für Spaß.

DER SALM

Ein Rheinsalm schwamm den Rhein
bis in die Schweiz hinein.

Und sprang den Oberlauf
von Fall zu Fall hinauf.

Er war schon weißgottwo,
doch eines Tages – oh! –

da kam er an ein Wehr:
das maß zwölf Fuß und mehr!

Zehn Fuß – die sprang er gut!
Doch hier zerbrach sein Mut.

Drei Wochen stand der Salm
am Fuß der Wasser-Alm.

Und kehrte schließlich stumm
nach Deutsch- und Holland um.

Die Elster

Ein Bach, mit Namen Elster, rinnt
durch Nacht und Nebel und besinnt
inmitten dieser stillen Handlung
sich seiner einstigen Verwandlung,
die ihm vor mehr als tausend Jahren
von einem Magier widerfahren.

Und wie so Nacht und Nebel weben,
erwacht in ihm das alte Leben.
Er fährt in eine in der Nähe
zufällig eingeschlafne Krähe
und fliegt, dieweil sein Bett verdorrt,
wie dermaleinst als Vogel fort.

ANFRAGE

Der Ichthyologe Berthold Schrauben
will ungern dem Autor glauben.
Er kennt dergleichen aus Oviden,
doch eines raubt ihm seinen Frieden.

"Wo nämlich", fragt er, "bleibt die Hölle
der Fischwelt obbenannter Quelle?
Verkörpert sie sich mit dem Raben
oder verbleibt sie tot im Graben?"

Persönlich sei er für das erste,
dem zweiten aber sei die mehrste
Wahrscheinlichkeit zu geben, daß
als seinerzeit die Tat geschah,

Die Pica von dem mächtigen Feinde
einem ohne Fischgemeinde
nächst gedachten Wasserlauf
verwandelt worden sei, worauf
sei später jene teils durch Neben-
wässer, teils durch Menschenstreben,
der üblichen Bewohnersphäre
ihr eingeliedert worden wäre.

Es sei für einen Fall wie diesen
von Nennwert, nicht unangewiesen,
wenn er, empfänd' mans gleich als Bürde,
bis auf den Grund durchleuchtet würde.

CHRISTIAN MORGENSTERN

ANFRAGE

Der Ichthyologe Berthold Schrauben
will Umiges dem Autor glauben.
Er kennt dergleichen aus Oviden,
doch Eines raubt ihm seinen Frieden:

»Wo nämlich«, fragt er, »bleibt die Stelle
der Fischwelt obbenannter Quelle?
Verkörpert sie sich mit zum Raben –
oder verbleibt sie tot im Graben?«

Persönlich sei er für das erste,
dem zweiten aber sei die mehrste
Wahrscheinlichkeit zu geben, da,
als seinerzeit die Tat geschah,

die Pica von dem mächtigen Feinde
in einen ohne Fischgemeinde
zunächst gedachten Wasserlauf
verwandelt worden sei, worauf

erst später jene, teils durch Neben-
gewässer, teils durch Menschenstreben,
als übliche Bewohnersphäre
ihm eingegliedert worden wäre.

Es sei für einen Fall wie diesen
von Nennwert, nicht unangewiesen,
wenn er, empfänd mans gleich als Bürde,
bis auf den Grund durchleuchtet würde.

ANTWORT (I. A.)

Sehr geehrter Herr! Gestatten
Sie der Gattin meines Gatten,
seine Antwort mitzuteilen.

Er beglückwünscht sich zu solchen
Äußerungen, die gleich Dolchen
seiner Werke Brust durchwühlen.

Doch er ist zur Zeit verhindert.
Nämlich (was den Vorwurf mindert)
durch Verfolgung jenes Falles –

statt nach rückwärts, wie Sie streben,
vorwärts: in das neue Leben
unsrer trefflichen Schalalster!

(Ach, mein Herr, ich wünsch es keinem.)
Folgender ›Entwurf zu einem
bürgerlichen Trauerspiele‹

gibt dem Ganzen eine Wende,
die uns, wie Sie (und wohl viele)
nicht ganz ungleichmütig fühlen

werden, lehrt, wie doch noch alles
recht in Blindheit lebt. Derweilen
und mit Dank und Grüßen (falls der

Anteil an der Fisch-Allmende
wirklich echt in Ihren Zeilen!)
Ihre X. – Ich bin zu Ende.

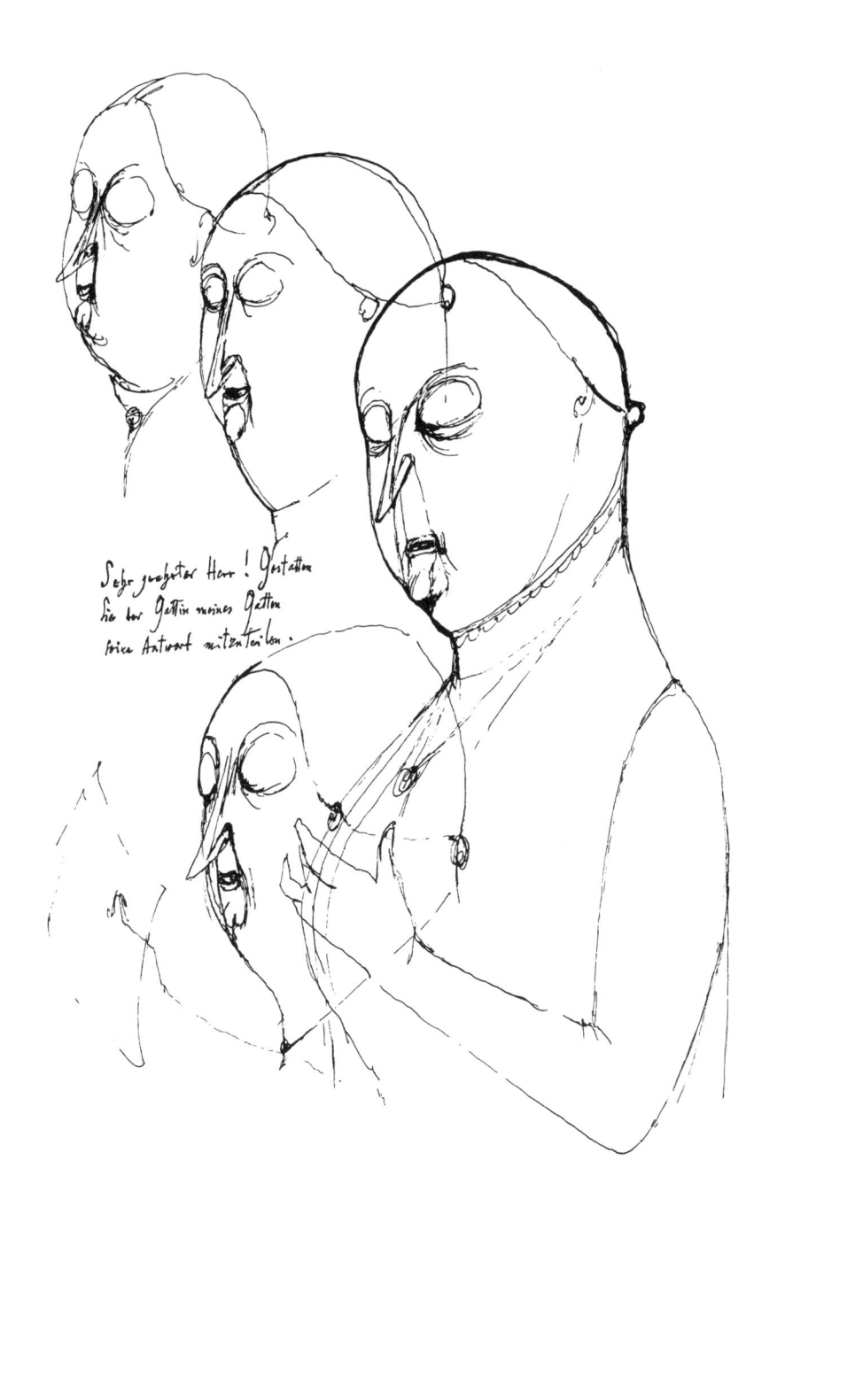

Sehr geehrter Herr! Gestatten
Sie der Gattin meines Gatten
seine Antwort mitzuteilen.

ENTWURF ZU EINEM TRAUERSPIELE

Ein Fluß, namens Elster,
besinnt sich auf seine wahre Gestalt
und fliegt eines Abends
einfach weg.

Ein Mann, namens Anton,
erblickt ihn auf seinem Acker und schießt
ihn mit seiner Flinte
einfach tot.

Das Tier, namens Elster,
bereut zu spät seine selbstische Tat
(denn – Wassersnot tritt
einfach ein).

Der Mann, namens Anton,
(und das ist leider kein Wunder) weiß
von seiner Mitschuld
einfach nichts.

Der Mann, namens Anton,
(und das versöhnt in einigem Maß)
verdurstet gleichwohl
einfach auch.

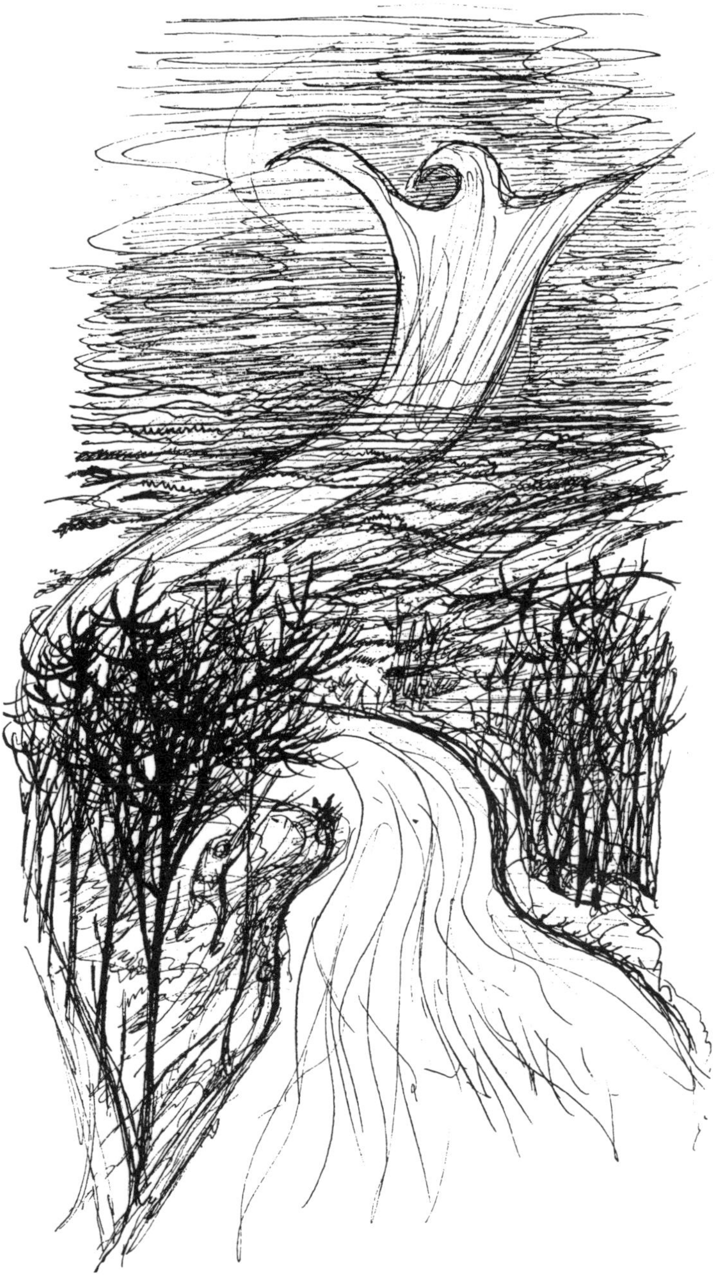

Das Butterbrotpapier

Ein Butterbrotpapier im Wald, –
da es beschneit wird, fühlt sich kalt ...

In seiner Angst, wiewohl es nie
an Denken vorher irgendwie

gedacht, natürlich, als ein Ding
aus Lumpen usw., fing,

aus Angst, so sagte ich, fing an
zu denken, fing, hob an, begann,

zu denken, denkt euch, was das heißt,
bekam (aus Angst, so sagt ich) – Geist,

und zwar, versteht sich, nicht bloß so
vom Himmel droben irgendwo,

vielmehr infolge einer ganz
exakt entstandnen Hirnsubstanz –

die aus Holz, Eiweiß, Mehl und Schmer,
(durch Angst) mit Überspringen der

sonst üblichen Weltalter, an
ihm Boden und Gefäß gewann –

[(mit Überspringung) in und an
ihm Boden und Gefäß gewann].

Mit Hilfe dieser Hilfe nun
entschloß sich das Papier zum Tun, –

zum Leben, zum – gleichviel, es fing
zu gehn an – wie ein Schmetterling ...

zu kriechen erst, zu fliegen drauf,
bis übers Unterholz hinauf,

dann über die Chaussee und quer
und kreuz und links und hin und her –

wie eben solch ein Tier zur Welt
(je nach dem Wind) (und sonst) sich stellt.

Doch, Freunde! werdet bleich gleich mir! –:
Ein Vogel, dick und ganz voll Gier,

erblickts (wir sind im Januar ...) –
und schickt sich an, mit Haut und Haar –

und schickt sich an, mit Haar und Haut –
(wer mag da endigen!) (mir graut) –

(Bedenkt, was alles nötig war!) –
und schickt sich an, mit Haut und Haar – –

Ein Butterbrotpapier im Wald
gewinnt – aus Angst – Naturgestalt ...

Genug!! Der wilde Specht verschluckt
das unersetzliche Produkt ...

Droschkengauls Jännermeditation

»Ich stoße Dampf aus Haut und Nase –
der Frost entwickelt meine Gase.

Ich dringe in die Atmosphäre –
als wär ich eine Mondhof-Mähre!

Es fehlt nur, daß ich blutig glute –
so wär ich eine Nordlicht-Stute!!

Ja, dampft ich hint im Fixsternhimmel –
ich wär ein Milchstraßnebel-Schimmel!!!«

Das Auge der Maus

Das rote Auge einer Maus
lugt aus dem Loch heraus.

Es funkelt durch die Dämmerung ...
Das Herz gerät in Hämmerung.

»Das Herz von wem?« Das Herz von mir!
Ich sitze nämlich vor dem Tier.

O Seele, denk an diese Maus!
Alle Dinge sind voll Graus.

Die Schuhe

Man sieht sehr häufig unrecht tun,
doch selten öfter als den Schuhn.

Man weiß, daß sie nach ewgen Normen
die Form der Füße treu umformen.

Die Sohlen scheinen auszuschweifen,
bis sie am Ballen sich begreifen.

Ein jeder merkt: es ist ein Paar.
Nur Mägden wird dies niemals klar.

Sie setzen Stiefel (wo auch immer)
einander abgekehrt vors Zimmer.

Was müssen solche Schuhe leiden!
sie sind so fleißig, so bescheiden;

sie wollen nichts auf dieser Welt,
als daß man sie zusammenstellt,

nicht auseinanderstrebend wie
das unvernünftig blöde Vieh!

O ihr Marie, Sophie, Therese, –
der Satan wird euch einst, der böse,

die Stiefel anziehn, wenn es heißt,
hinweg zu gehn als seliger Geist!

Dann werdet ihr voll Wehgeheule
das Schicksal teilen jener Eule,

die, als zwei Hasen nach sie flog
und plötzlich jeder seitwärts bog,

der eine links, der andre rechts,
zerriß (im Eifer des Gefechts)!

Wie Puppen, mitten durchgesägte,
so werdet ihr alsdann, ihr Mägde,

bei Engeln halb und halb bei Teufeln
von nie gestillten Tränen träufeln,

der Hölle ein willkommner Spott
und peinlich selbst dem lieben Gott.

D<small>AS</small> T<small>ELLERHAFTE</small>

Das Tellerhafte naht heran
auf sieben Gänsefüßen.
Das Tellerhafte naht heran,
mein Dasein zu entsüßen.

Es naht sich im gestreckten Lauf
als wie der Gaul dem Futter;
bald liegts als wie ein Fisch ihm auf
und bald wie Brot und Butter.

Ich fühle mich so recht verhext
als wie in alten Mären: –
Ich werde, werde wohl demnext
ein Galgenkind gebären.

SCHICKSAL

Der Wolke Zickzackzunge spricht:
»Ich bringe dir, mein Hammel, Licht.«

Der Hammel, der im Stalle stand,
ward links und hinten schwarz gebrannt.

Sein Leben grübelt er seitdem:
warum ihm dies geschah von wem.

ZWISCHENDURCH

Ein Hund, der naß im Regen wurde,
empfand die Nässigkeit als Burde
und wünschte sich ein Taschentuch,
um sich zum mindesten die Nase –
statt dessen wälzte er im Grase
sich, doch mit Mißerfolg, da dies
ihm gleichfalls nichts als Nässe ließ.

Das Grab des Hunds

Gestern war ich in dem Tal,
wo der Hund begraben liegt.
Trat erst durch ein Felsportal
und dann, wo nach links es biegt.

Vorwärts drang ich ungestört
noch um ein Frohlockliches —
ist auch niemand da, der hört?
Denn nun tat ich Schreckliches:

Hob den Stein, auf welchem steht,
welchem steht: Hier liegt der Hund —
Hob den Stein auf, hob ihn — und —
sah — oh, die ihr da seid, seht!

Sah — sah die Idee des Hunds,
sah den Hund, den Hund an sich.
Reichen wir die Hände uns;
dies ist wirklich fürchterlich.

Wie sie aussah, die Idee?
Bitte, bändigt euren Mund.
Denn ich kann nicht sagen mehr,
als daß sie aussah wie ein — Hund.

DAS GRAB DES HUNDS

Gestern war ich in dem Tal,
wo der Hund begraben liegt.
Trat erst durch ein Felsportal
und dann, wo nach links es biegt.

Vorwärts drang ich ungestört
noch um ein Erkleckliches –
Ist auch niemand da, der hört?
Denn nun tat ich Schreckliches:

Hob den Stein, auf welchem steht,
welchem steht: Hier liegt der Hund –
hob den Stein auf, hob ihn – und –
sah – oh, die ihr da seid, geht!

Sah – sah die Idee des Hunds,
sah den Hund, den Hund an sich.
Reichen wir die Hände uns;
dies ist wirklich fürchterlich.

Wie sie aussah, die Idee?
Bitte, bändigt euren Mund.
Denn ich kann nicht sagen meh,
als daß sie aussah wie ein – Hund.

DER GESTRICHENE BOCK

Ein Wildbret mußt allabendlich
auf einem Hoftheater sich
im Hauptakt auf das Stichwort ›Schürzen‹
von links aus der Kulisse stürzen.

Beim zwölften Male brach es aus
und rannte dem Souffleur ins Haus,
worauf es kurzweg – und sein Part –
von der Regie gestrichen ward.

Zwei Hoftheaterdiener brachten
am nächsten Morgen den gedachten
gestrichnen königlichen Bock
per Auto nach Hubertusstock.

Dort geht das Wildbret nun herum
und unterhält sein Publikum
aus Reh, Hirsch, Eber, Fuchs und Maus
von ›Rolle‹, ›Stichwort‹ und ›Applaus‹.

DAS NILPFERD

Ein Nilpferd las sich jüngst, o weh,
statt mit groß 𝔒𝔩 mit groß 𝔒𝔢 .

Worauf es flugs von den Ästheten
als Wappentier ward auserbeten.

Zerknirscht von ungeheurer Pein,
ging es ob dieser Torheit ein ...

Seit damals wird dem Nilflußpferd
die deutsche Schrift nicht mehr gelehrt.

Und schreibt man klug das Nilflußroß
römisch und ›Hippopotamos‹.

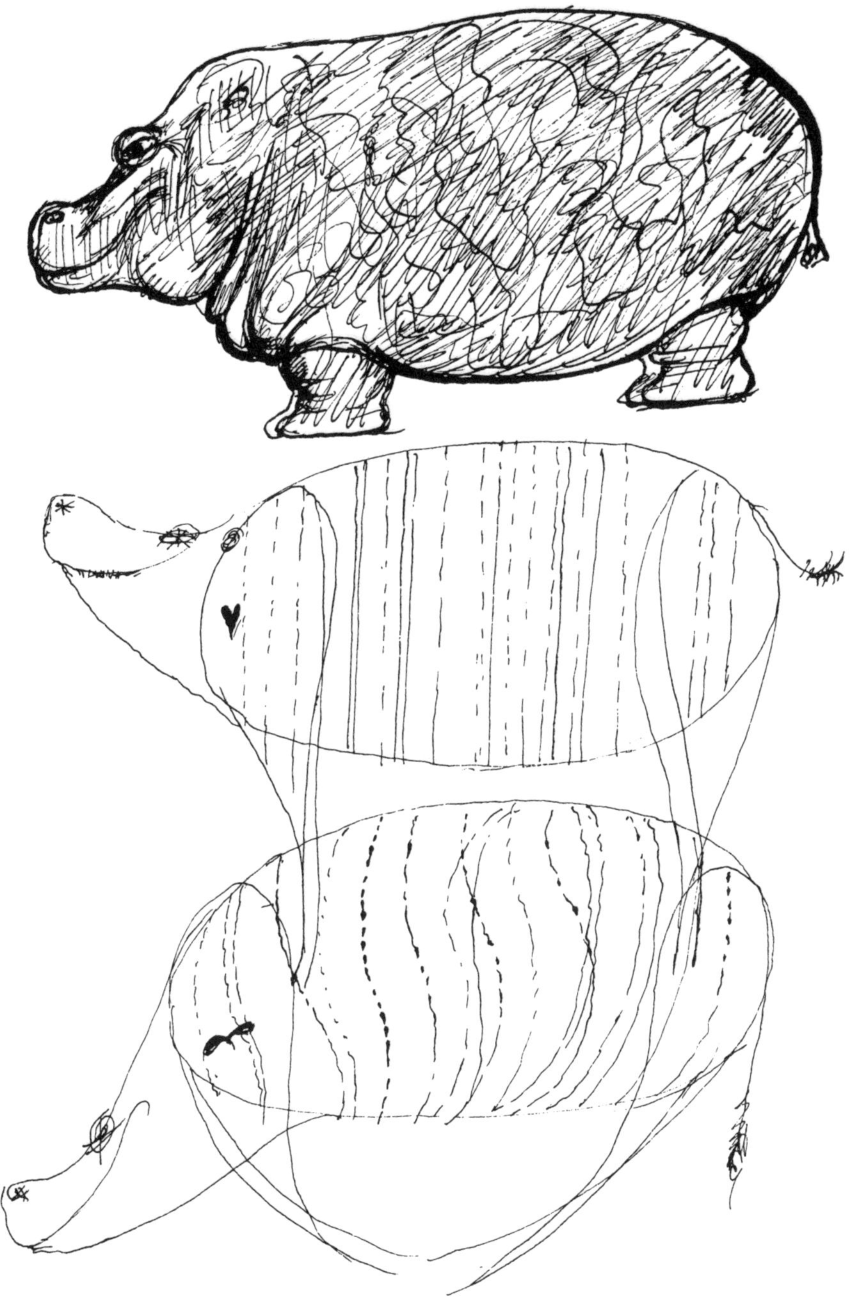

NATURSPIEL
(Eine Unterlage für Programm-Musik)

Ein Hund,
mit braunen Flecken
auf weißem Grund,
jagt ein Huhn,
mit weißen Flecken
auf braunem Grund,
nicht unergötzlich
in einem Torgang
von links nach rechts,
von rechts nach links,
herüber,
hinüber.

Plötzlich
(Gott behüte *uns*
vor einem ähnlichen Vorgang!)
springen
wohl im Ringen
und Reiz
der Gefechts-
leiden-
schaft,
wie im Takt —
(oh, wie kann
man
es
nur
heraus-
bringen!)...
als wie kraft
eines gegen-
seitigen

Winks
der beiden
Eigen-
tümer –
die Flecken des Huhns
los und locker
aus ihrer Fassung
auf den Hund über
und die Flecken des Hunds
ihrerseits
auf das Huhn.

Und nun –:
(Welch ein Akt
ungestümer
reziproker
Anpassung,
mit keinem anderweitigen
Tableau
nach Prozeß
im weiten Haus,
Kreis,
Rund
und Reigen
der Natur
zu belegen!)
ist der Hund –
weiß
und das Huhn – braun
anzuschaun!!

TERTIUS GAUDENS
(Ein Stück Entwickelungsgeschichte)

Vor vielen Jahren sozusagen
hat folgendes sich zugetragen.

Drei Säue taten um ein Huhn
in einem Korb zusammen ruhn.

Das Huhn, wie manchmal Hühner sind
(im Sprichwort mindestens), war blind.

Die Säue waren schlechtweg Säue
von völliger Naturgetreue.

Dies Dreieck nahm ein Mann aufs Ziel,
vielleicht wars auch ein Weib, gleichviel.

Und trat heran und gab den Schweinen –
ihr werdet: Runkelrüben meinen.

O nein, er warf – (er oder sie) –
warf – Perlen vor das schnöde Vieh.

Die Säue schlossen träg die Lider...
Das Huhn indessen, still und bieder,

erhob sich ohne Hast und Zorn
und fraß die Perlen auf wie Korn.

Der Mensch entwich und sann auf Rache;
doch Gott im Himmel wog die Sache

der drei Parteien und entschied,
daß dieses Huhn im nächsten Glied

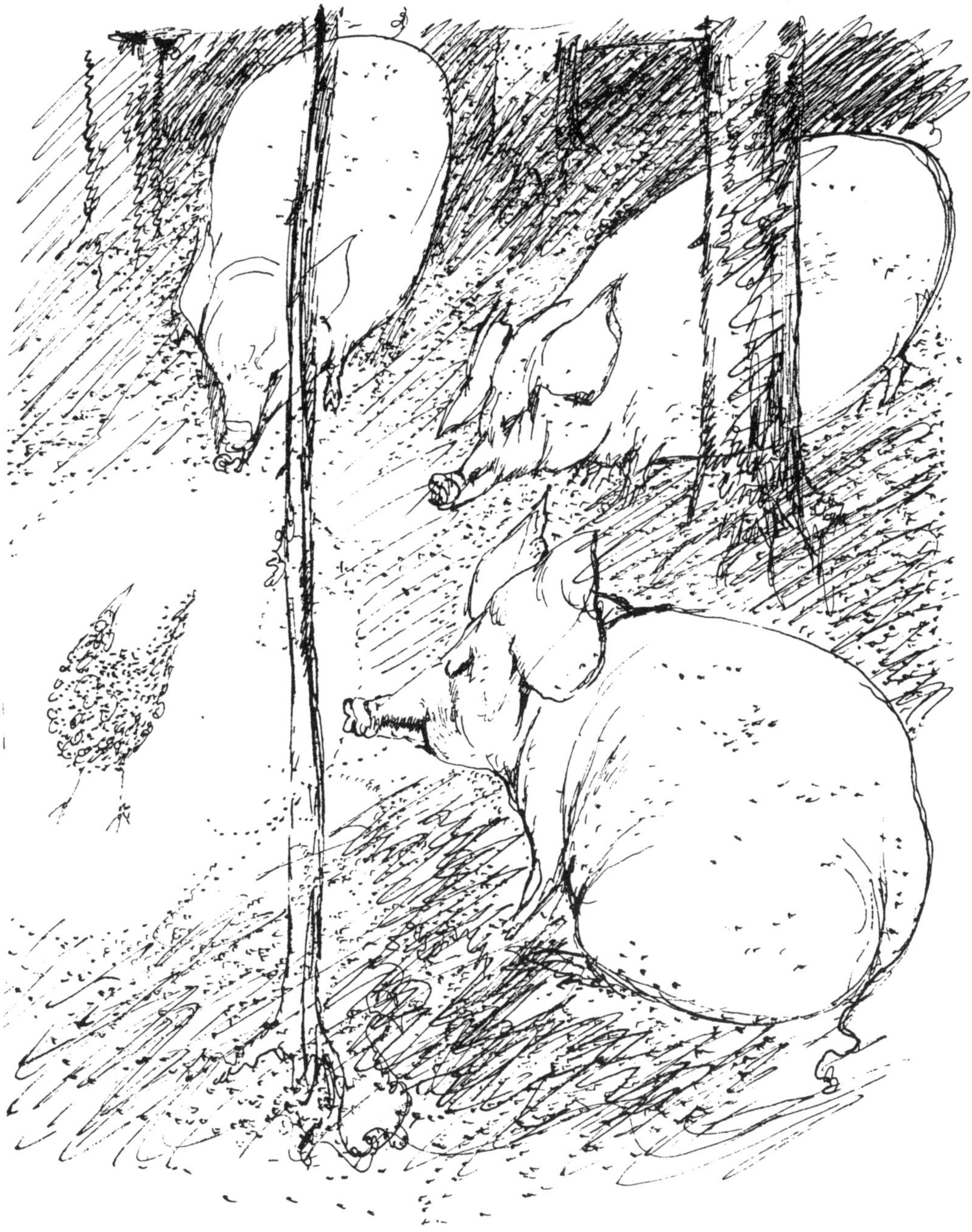

die Perlen außen tragen solle.
Auf welche Art die Erdenscholle –

das Perlschwein –? Nein! Das war verspielt!
das Perl-*Huhn* zum Geschenk erhielt.

DER SPERLING UND DAS KÄNGURUH

In seinem Zaun das Känguruh –
es hockt und guckt dem Sperling zu.

Der Sperling sitzt auf dem Gebäude –
doch ohne sonderliche Freude.

Vielmehr, er fühlt, den Kopf geduckt,
wie ihn das Känguruh beguckt.

Der Sperling sträubt den Federflaus –
die Sache ist auch gar zu kraus.

Ihm ist, als ob er kaum noch säße ...
Wenn nun das Känguruh ihn fräße?!

Doch dieses dreht nach einer Stunde
den Kopf aus irgend einem Grunde,

vielleicht auch ohne tiefern Sinn,
nach einer andern Richtung hin.

Das Geierlamm

Der Lämmergeier ist bekannt,
das Geierlamm erst hier genannt.

Der Geier, der ist offenkundig,
das Lamm hingegen untergrundig.

Es sagt nicht hu, es sagt nicht mäh
und frißt dich auf aus nächster Näh.

Und dreht das Auge dann zum Herrn.
Und alle habens herzlich gern.

Das Geier Lamm

Der Lämmergeier ist bekannt,
das Geierlamm erst hier genannt.

Der Geier, der ist offenkundig,
das Lamm hingegen untergeordnet.

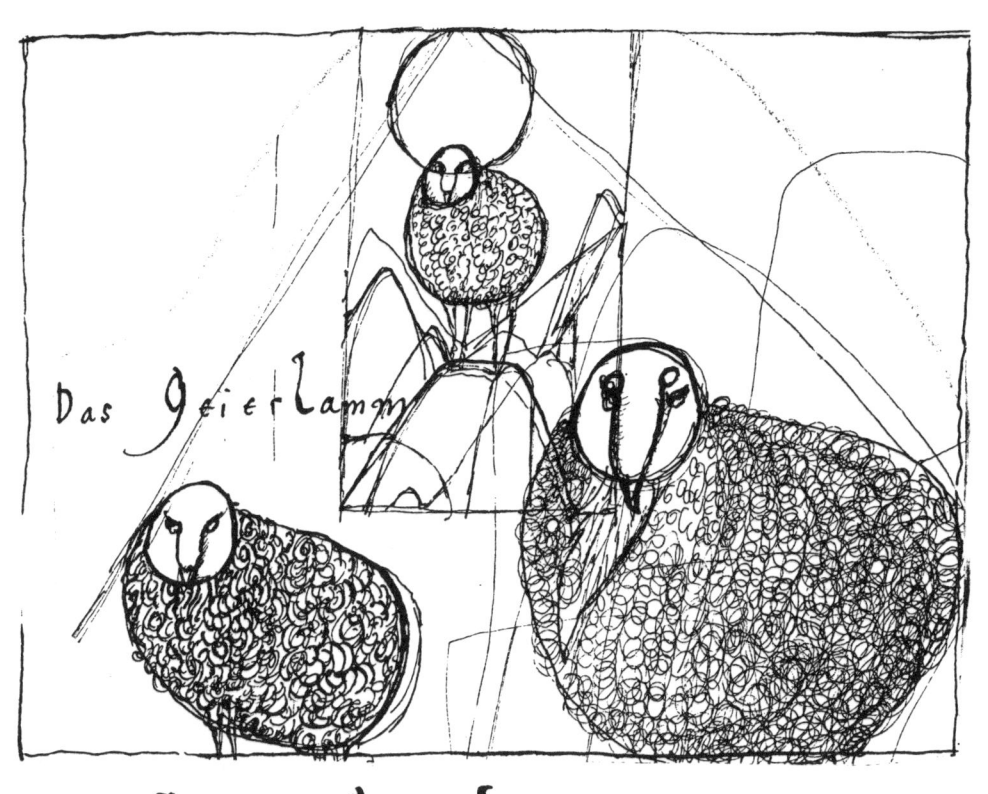

Es sieht nicht her es sieht nicht hin
und frißt sich auf aus ängster Not.

Kaum trabt der Stege kaum zum Herrn,
Kaum alle Gebeine herzlich gern.

DER ZWI

Er war ein wunderlicher Tropf.
Er hatte außer seinem Kopf
noch einen zweiten Kopf, am Knie,
weshalb man ihn auch hieß: den Zwi.

Was Essen, Trinken, Liebe, Schlaf,
kurz, das Gewöhnliche betraf,
vertrug das Paar sich höchst bequem
nach alphabetischem System.

Mehr wert indessen war, wie es
des Denkens göttlichen Prozeß
zum allgemeinen Wohl der Welt
in der Erkenntnis Dienst gestellt.

Es gab sich nämlich klar und schlicht
von jeder Impression Bericht,
die es – und zwar vom selben Ding –
im respektiven Hirn empfing.

Z. B. las das Schädelpaar
ein Buch (im Doppelexemplar),
so fand sofort nach jedem Blatt
ein Dialog (nach Platon) statt.

Ein andermal geht unser Held
mit zwei Bananen über Feld,
bis er auf einem Meilenstein
hinsitzt mit überschlagnem Bein.

Er ißt, und kaum auch ausgespeist,
interpretiert zweimal sein Geist
den Hunger, der so süß gestillt,
verdoppelnd des Genusses Bild.

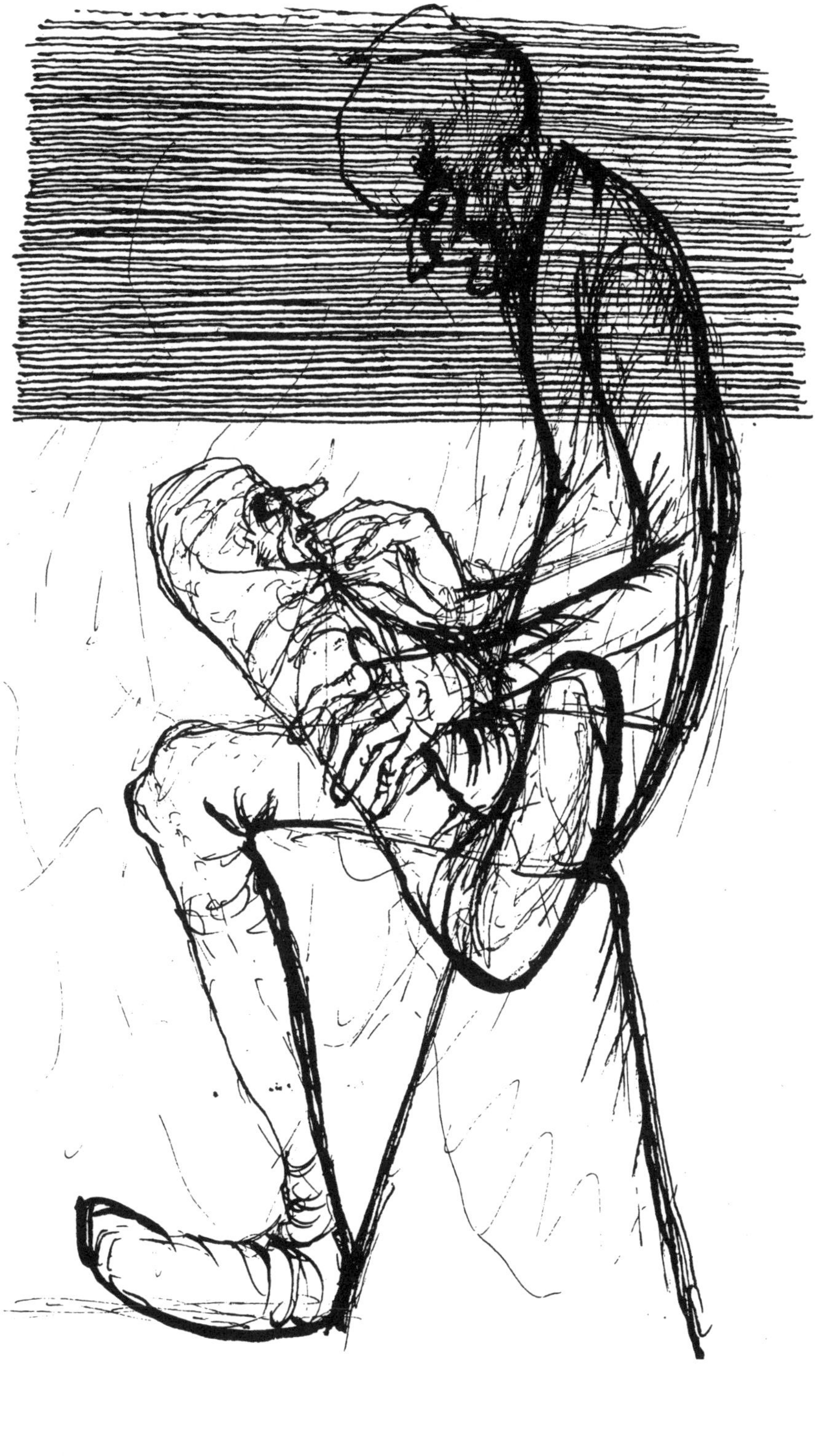

Unglaublich und absonderlich!
Ein Körper, denkt euch, und zwei Ich!
Ein Mensch, der selbst sich duzt, ein Mann,
der Aug in Aug sich sitzen kann!!

Der Leu

Auf einem Wandkalenderblatt
ein Leu sich abgebildet hat.

Er blickt dich an, bewegt und still,
den ganzen 17. April.

Wodurch er zu erinnern liebt,
daß es ihn immerhin noch gibt.

UNTER SPIEGELBILDERN

Unter lauter Spiegelbildern
war ich diese Nacht im Traum.
(Laß die Phantasie nicht wildern,
halte sie vielmehr im Zaum!)

Alles war daselbst vorhanden,
was Natur und Mensch gemacht,
selbst ein Löwe, der (in Banden)
einst vor ein Trumeau gebracht.

Doch nicht *ein*mal nur war Tier und
Mensch und andres hier, o Graun!
eine Frau war hundertvierund-
fünfzigtausendmal zu schaun.

Auch ein Fräulein war zur Stelle,
ganz gehüllt in blondes Haar,
die in eines Waldborns Welle
einst im Mond gestiegen war.

Leute sah man, die man nie sonst
so gesehn (und umgekehrt);
wer ein Vieh sonst, ein Genie sonst,
hier erst sah man seinen Wert.

Hüt dich drum, du sichres Siegel,
wer du seist und wo du seist;
sieh dich niemals in den Spiegel,
sonst verfällst du meinem Geist.

Deines Spiegels dunkle Klarheit
hat dein Bild, du weißt nicht wie,
und dann seh ich deine Wahrheit;
denn die Spiegel lügen nie.

barbar
Dschingis Khan

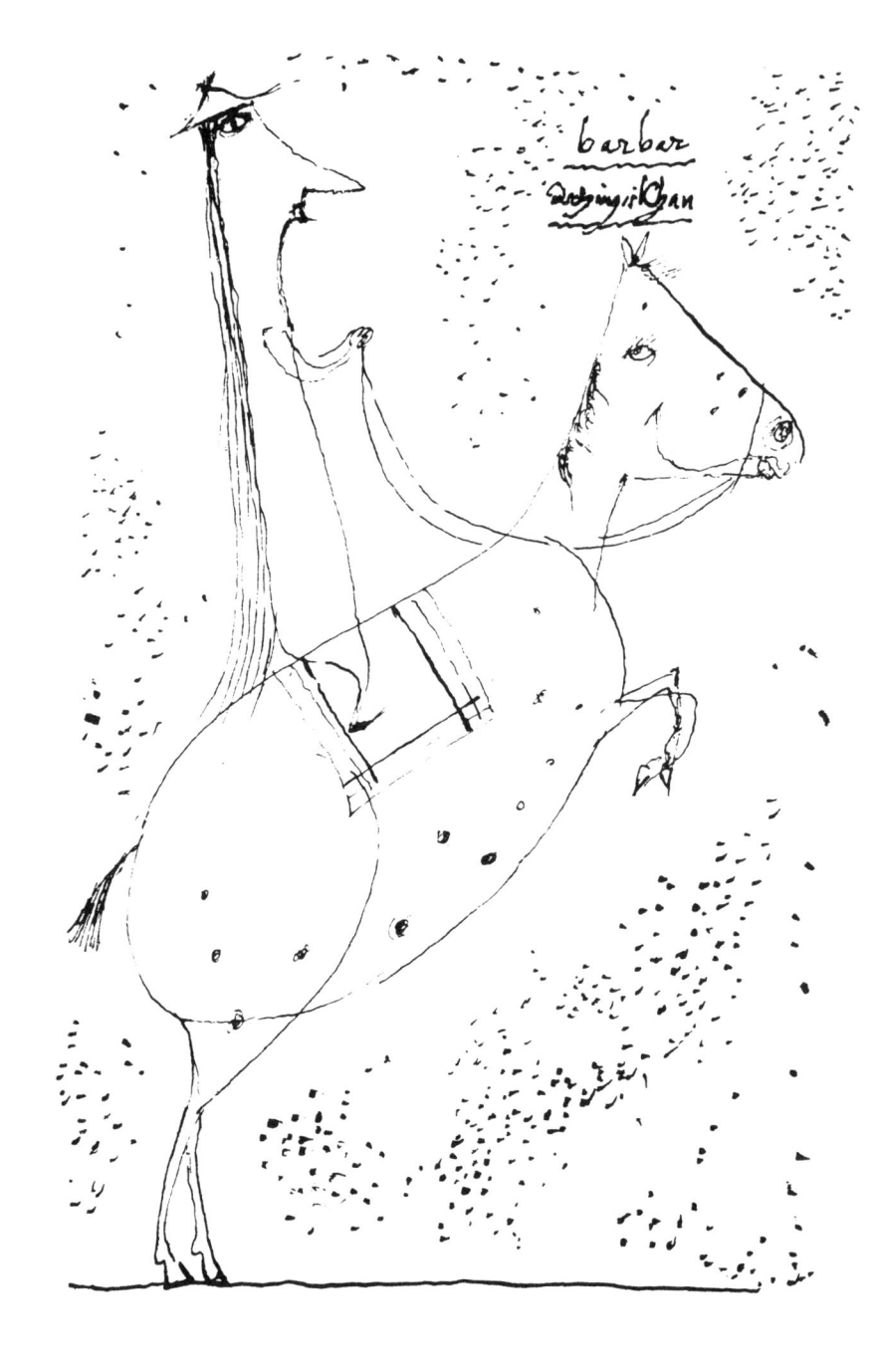

Deus Artifex

Wer kennte nicht die wackre Mähre,
die, täglich weniger gespeist,
zuletzt, gedrängt von innrer Leere,
emporfuhr als verklärter Geist?

Dies Tier ward Richards Rosinante,
als er sein bodlos Leben schloß.
Es hob der große Unbekannte
höchstselbst den Seligen aufs Roß.

Worauf er sprach: »Du mochtest wähnen,
du seist ein gottverlaßner Tropf.
Ich habe stets bei meinen Plänen
ein ganz bestimmtes Bild im Kopf.«

Und schritt hinweg. Der ganze Himmel
sprang auf und wünschte Richard Glück …
Und traun! Der Mann samt seinem Schimmel
war in der Tat ein Meisterstück.

Die Fledermaus
Kurhauskonzertbierterrassenereignis

Die Fledermaus
hört ›sich‹ von Strauß.

Der Bogen-Mond
wirkt ungewohnt.

Es rührt ihr Flugel
die Milchglaskugel.

Der Damen Schar:
»Mein Hut! Mein Haar!«

Sie stürzt, wirr – worr – –
'nem Gast ins Pschorr.

Der Pikkolo
entfernt sie: –: so –: ...

Die ›Fledermaus‹
ist grade aus.

Das Buch

Ein Buch lag aufgeschlagen,
   auf irgendeinem Pult,
      in irgendeiner Nacht.

Auf seinen Seiten ruhte
   des Mondes bleiches Licht,
      des Mondes blasse Lust.

Da ließ die zwei Paginen
   der zwei Paginen Geist,
      der zwei Paginen Sinn.

Und florte wie ein Schleier,
   vom Mondenlicht gelockt,
      ins Mondenlicht hinein.

Der Schleier wies die Sonne
   (sie stieg von Seite neun
      bis Seite zehn empor

in ihrem schönsten Feuer,
   ein strahlend Phänomen,
      ein flammendes Geleucht)...

Sie hing in Mondspinnweben,
   ein güldner Ball des Glücks,
      ein güldnes heiliges Herz!

Der Fensterrahmen rückte.
   Die Klause wurde blau.
      Der Schleier sank zurück.

Das Buch lag wieder traumhaft
   samt seiner Majestät
      im wieder nächtigen Raum.

Ein Sturmstoß kam es blättern ...
Ein Sturmstoß schloß die Mär.
Vom Turm her scholl es zwölf.

DIE UNTERHOSE

Heilig ist die Unterhose,
wenn sie sich in Sonn und Wind,
frei von ihrem Alltagslose,
auf ihr wahres Selbst besinnt.

Fröhlich ledig der Blamage
steter Souterränität,
wirkt am Seil sie als Staffage,
wie ein Segel leicht gebläht.

Keinen Tropus ihr zum Ruhme
spart des Malers Kompetenz,
preist sie seine treuste Blume
Sommer, Winter, Herbst und Lenz.

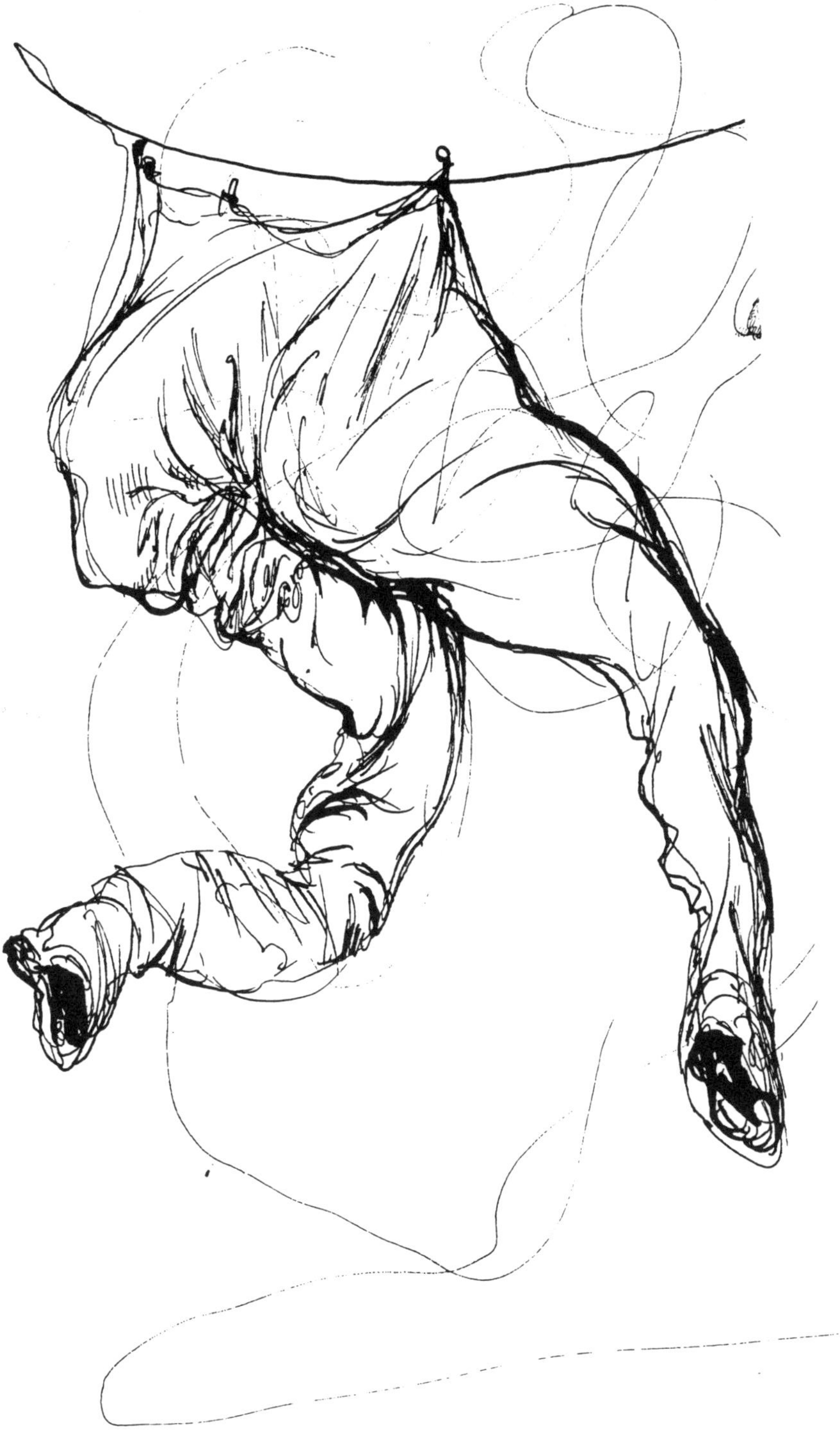

Ein böser Tag

Wie eine Hummel brummt mein Geist
sein Reich voll Unrast hin und her;
die Blüten lassen heut ihn leer,
so viel er hungrig auch umkreist.

Denn kaum erfüllt ihn ein Begehr –
als ihm ein andres dies verweist!
Wie eine Hummel brummt mein Geist
sein Reich heut rastlos hin und her.

»Wenn also strenge Reihn du reihst,«
dozierst du, »ist dein Herz nicht schwer!«
Du bist ein Esel, wer du seist!
Heut komm mir keiner in die Quer!

Wie eine Hummel brummt mein Geist.

Der Korbstuhl

Was ich am Tage stumm gedacht,
vertraut er eifrig an der Nacht.

Mit Knisterwort und Flüsterwort
erzählt er mein Geheimnis fort.

Dann schweigt er wieder lang und lauscht –
indes die Nacht gespenstisch rauscht.

Bis ihn der Bock von neuem stößt
und sich sein Krampf in Krachen löst.

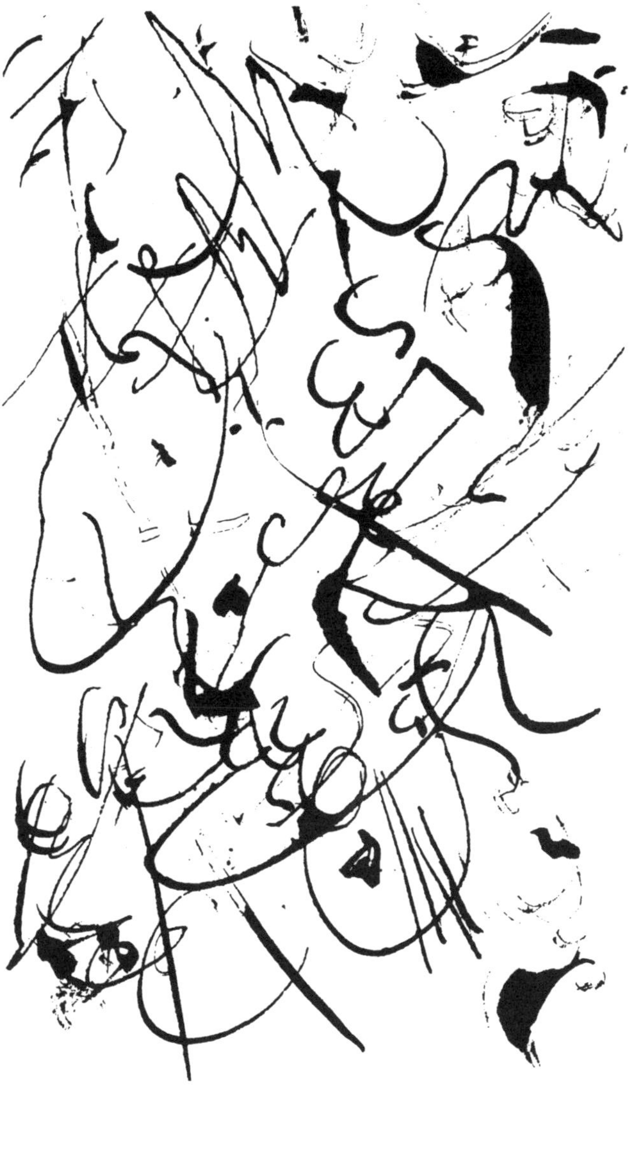

GEBURTSAKT DER PHILOSOPHIE

Erschrocken staunt der Heide Schaf mich an,
als sähs in mir den ersten Menschenmann.
Sein Blick steckt an; wir stehen wie im Schlaf;
mir ist, ich säh zum ersten Mal ein Schaf.

PLÖTZLICH ...

Plötzlich staunt er vor seinem Zwicker,
daß er nicht ›gehe‹; gleich als ob das Glas,
wie eine Uhr, nun eben: »gehen« müßte.
Wie? war er – stehen geblieben? –
Lebenswitz.
Auf zwei Sekunden Wahrheit, hier für drei
zuviel schon. Gleichwohl. Plötzlich ... Schluß.

PHYSIOGNOMISCHES

Lalacrimas, es war ein Wesen,
dem Weinen immer nahe stand;
indessen Lagrimaß, davon genesen,
durch Minenspiele sich entband.
Ich lernte sie als Schwestern kennen,
und sie ergänzten sich so baß,
daß ich so frei war, sie bei mir zu nennen:
Lalacrimas und Lagrimaß.

Plötzlich...

Plötzlich staunt er vor seinem Zwicker,
daß er nicht ‚gehe'; gleich als ob das Glas,
wie eine Uhr, nun eben ‚gehen' müßte.
Wie? war er — stehen geblieben? –
Lebenswitz.
Auf zwei Stunden Wahrheit, hier für drei
Zuviel schon. Gleichwohl. Plötzlich... Schluß.

Rondell

Durch die Schnauzen der Cavalle
schreit ich ruhig meines Weges.
Mitten im Gewühl der Droschken
les ich Kellers Tanzlegendchen.

Besser nirgends denn auf Plätzen,
wo sich hundert Linien kreuzen,
kreuz ich selbst, ein leichter Segler,
kühl-gelassen meines Weges.

Ruhig schreit ich durchs Gewimmel,
habe keine Angst vor Rädern,
lasse mir den Weg nicht irren
durch die Schnauzen der Cavalle.

Die zwei Parallelen

Es gingen zwei Parallelen
ins Endlose hinaus,
zwei kerzengerade Seelen
und aus solidem Haus.

Sie wollten sich nicht schneiden
bis an ihr seliges Grab:
Das war nun einmal der beiden
geheimer Stolz und Stab.

Doch als sie zehn Lichtjahre
gewandert neben sich hin,
da wards dem einsamen Paare
nicht irdisch mehr zu Sinn.

War'n sie noch Parallelen?
sie wußtens selber nicht, –
sie flossen nur wie zwei Seelen
zusammen durch ewiges Licht.

Das ewige Licht durchdrang sie,
da wurden sie eins in ihm;
die Ewigkeit verschlang sie
als wie zwei Seraphim.

DENKMALSWUNSCH

Setze mir ein Denkmal, cher,
ganz aus Zucker, tief im Meer.

Ein Süßwassersee, zwar kurz,
werd ich dann nach meinem Sturz;

doch so lang, daß Fische, hundert,
nehmen einen Schluck verwundert. –

Diese ißt in Hamburg und
Bremen dann des Menschen Mund. –

Wiederum in eure Kreise
komm ich so auf gute Weise,

während, werd ich Stein und Erz,
nur ein Vogel seinen Sterz

oder gar ein Mensch von Wert
seinen Witz auf mich entleert.

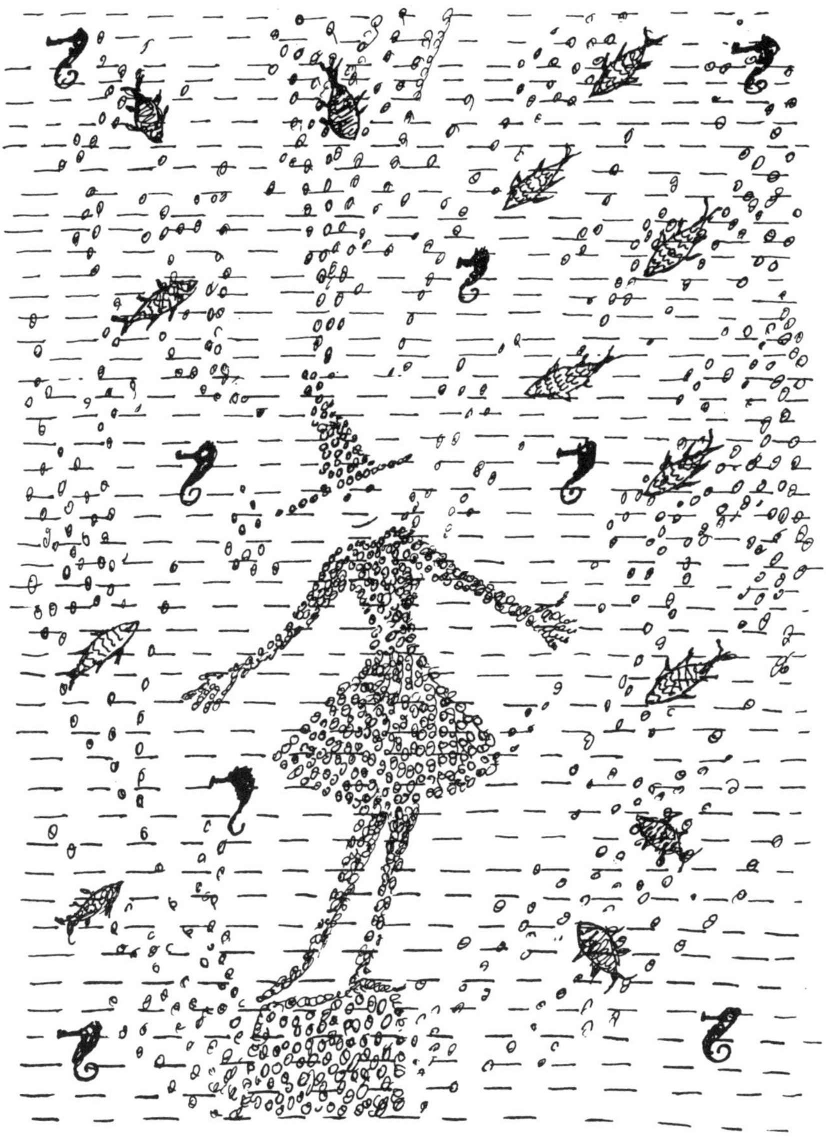

Gingganz ist einfach ein deutsches Wort für Ideologe. — Chr. Morgenstern

Er hätte etwas aus seinem Haar gemacht wenn ihm irgend ein Igel zusammengeneigt hätte.

Er war ein solch aufmerksames Grübler, ein Sucher, dass er immer so da an ein Haus. L.

Ein GINGGANZ bedeutet fortan ein in Gedanken Vertiefter Vielerweg ein Vortheater, ein Größter Träumer, Sinnierer.
— Chr. Morgenstern

Der Gingganz

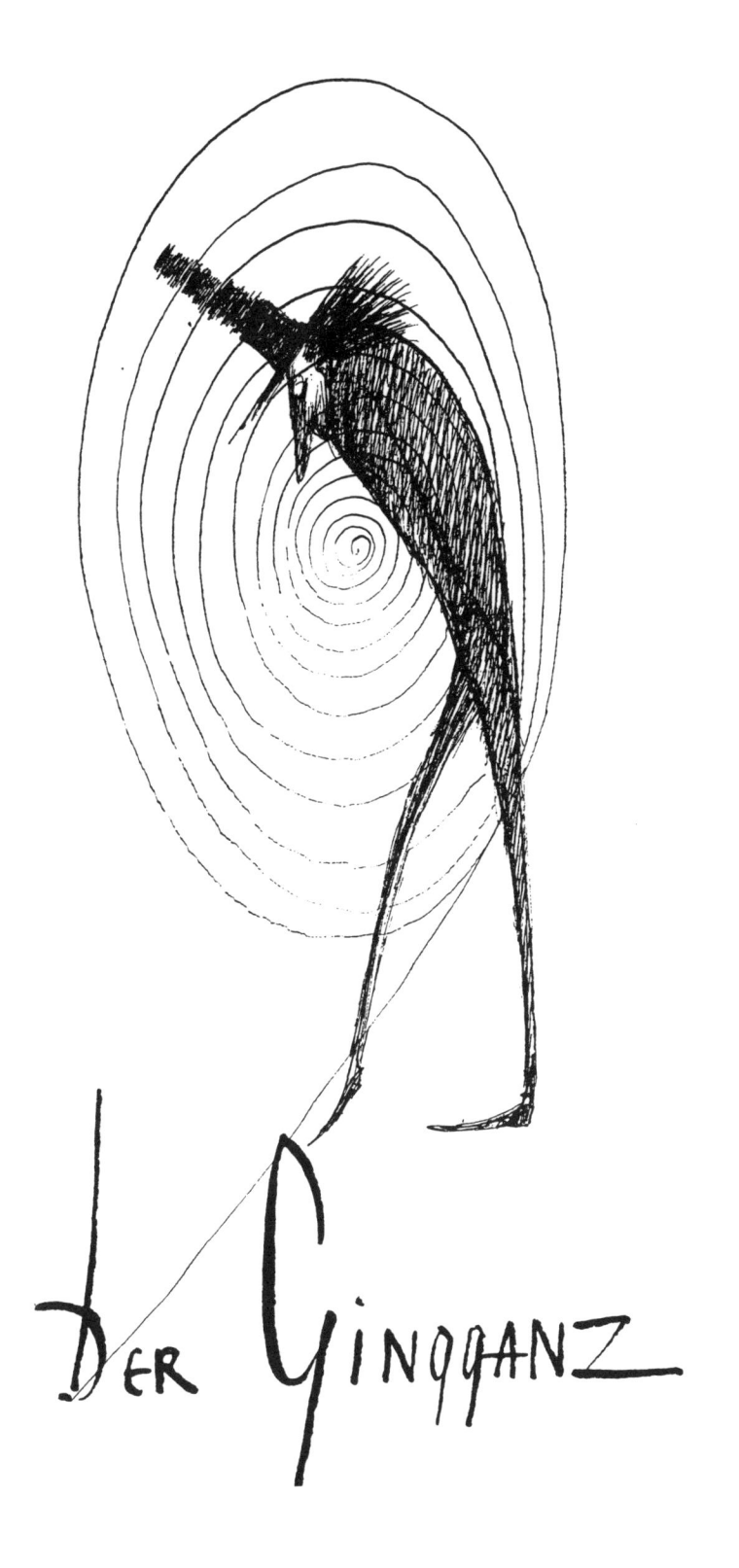

Indem man durch die Gewalt des Nachdenkens so wenig und durch Genie alles herausbringt, so scheint es, als der Himmel habe sich die großen Erfindungen unmittelbar vorbehalten.

Er war ein solch aufmerksamer Grübler, ein Sandkorn sah er immer oft als ein Haus.

Lichtenberg

Der Gingganz

Ein Stiefel wandern und sein Knecht
von Knickebühl gen Entenbrecht.

Urplötzlich auf dem Felde drauß
begehrt der Stiefel: »Zieh mich aus!«

Der Knecht drauf: »Es ist nicht an dem;
doch sagt mir, lieber Herre, –!: wem?«

Dem Stiefel gibt es einen Ruck:
»Fürwahr, beim heiligen Nepomuk,

ich GING GANZ in Gedanken hin...
Du weißt, daß ich ein andrer bin,

seitdem ich meinen Herrn verlor...«
Der Knecht wirft beide Arm empor,

als wollt er sagen: »Laß doch, laß!«
Und weiter zieht das Paar fürbaß.

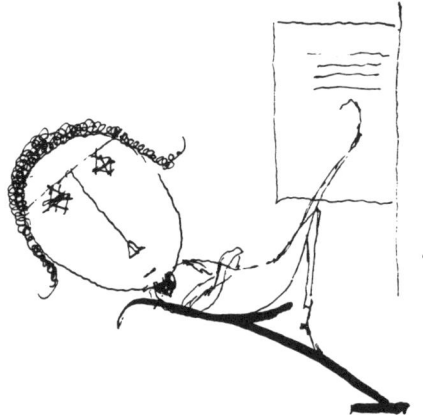

Wenn er spricht so fielen in der ganzen Nachbarschaft die Mäuse-
fallen von selbst zu.
                                            Lichtenberg

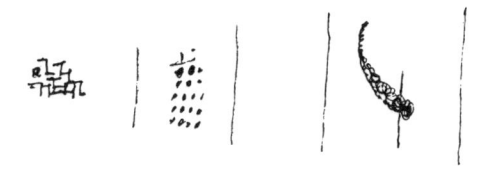

DER ÄSTHET

Wenn ich sitze, will ich nicht
sitzen, wie mein Sitz-Fleisch möchte,
sondern wie mein Sitz-Geist sich,
säße er, den Stuhl sich flöchte.

Der jedoch bedarf nicht viel,
schätzt am Stuhl allein den Stil,
überläßt den Zweck des Möbels
ohne Grimm der Gier des Pöbels.

DIE OSTE

Er ersann zur Weste
eines Nachts die Oste!
Sprach: »Was es auch koste! –«
sprach (mit großer Geste):

»Laßt uns auch von hinten
seidne Hyazinthen
samt Karfunkelknöpfen
unsern Rumpf umkröpfen!
Nicht nur auf dem Magen
laßt uns Uhren tragen,
nicht nur überm Herzen
unsre Sparsesterzen!
Fort mit dem betreßten
Privileg der Westen!
Gleichheit allerstücken!
Osten für den Rücken!«

Und sieh da, kein Schneider
sagte hierzu: Leider –!
Hunderttausend Scheren
sah man Stoffe queren ...
Ungezählte Posten
wurden schönster Osten
noch vor seinem Tode
›letzter Schrei‹ der Mode.

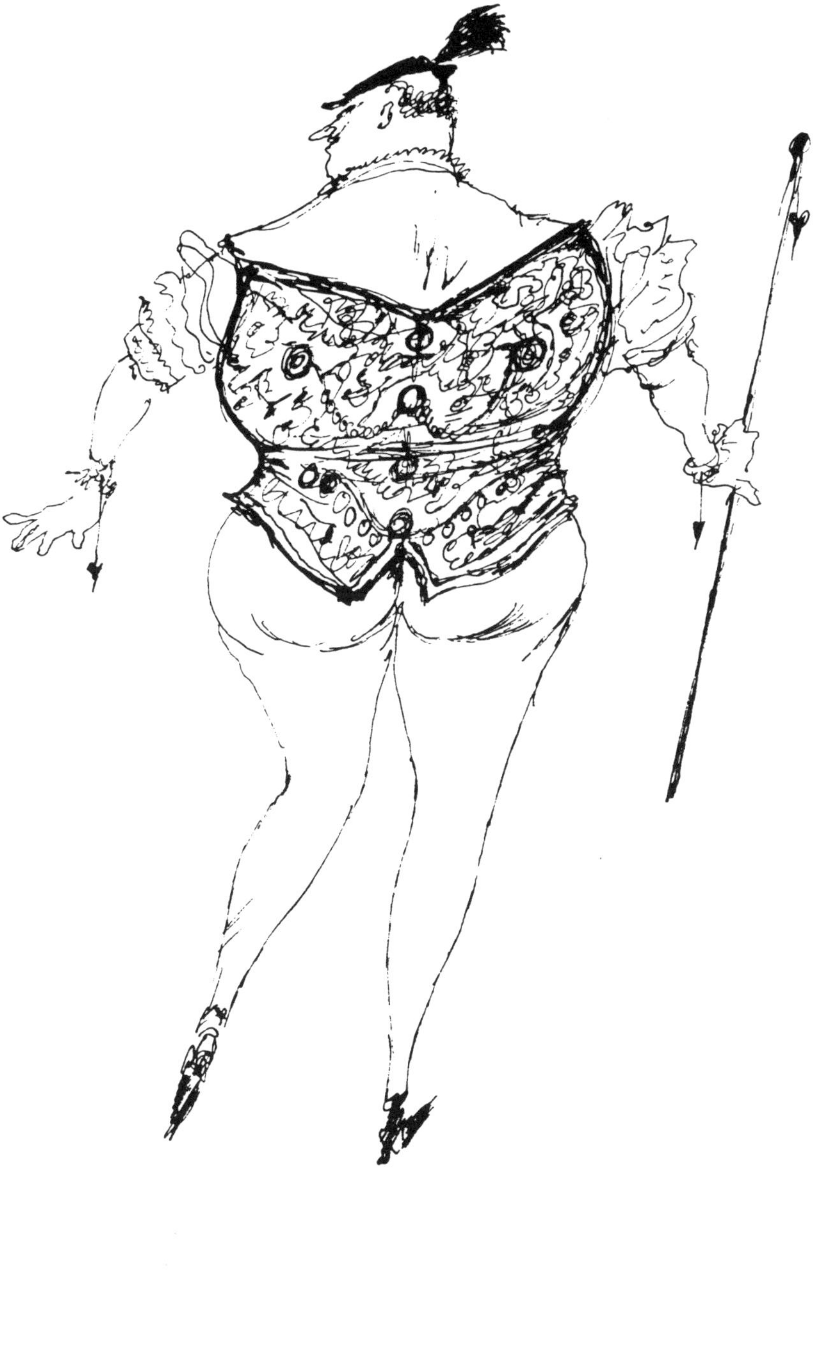

DER HEILIGE PARDAUZ

Im Inselwald ›Zum stillen Kauz‹,
da lebt der heilige Pardauz.

Du schweigst? Ist dir der Mund verklebt?
Du zweifelst, ob er wirklich lebt?

So sag ichs dir denn ungefragt:
Er *lebt*, auch wenn dirs mißbehagt.

Er lebt im Wald ›Zum stillen Kauz‹,
und schon sein Vater hieß Pardauz.

Dort betet er für dich, mein Kind,
weil du und andre Sünder sind.

Du weißt nicht, was du ihm verdankst, –
doch daß du nicht schon längst ertrankst,

verbranntest oder und so weiter –
das dankst du diesem Blitzableiter

der teuflischen Gewitter. Ach,
die Welt ist rund, der Mensch ist schwach.

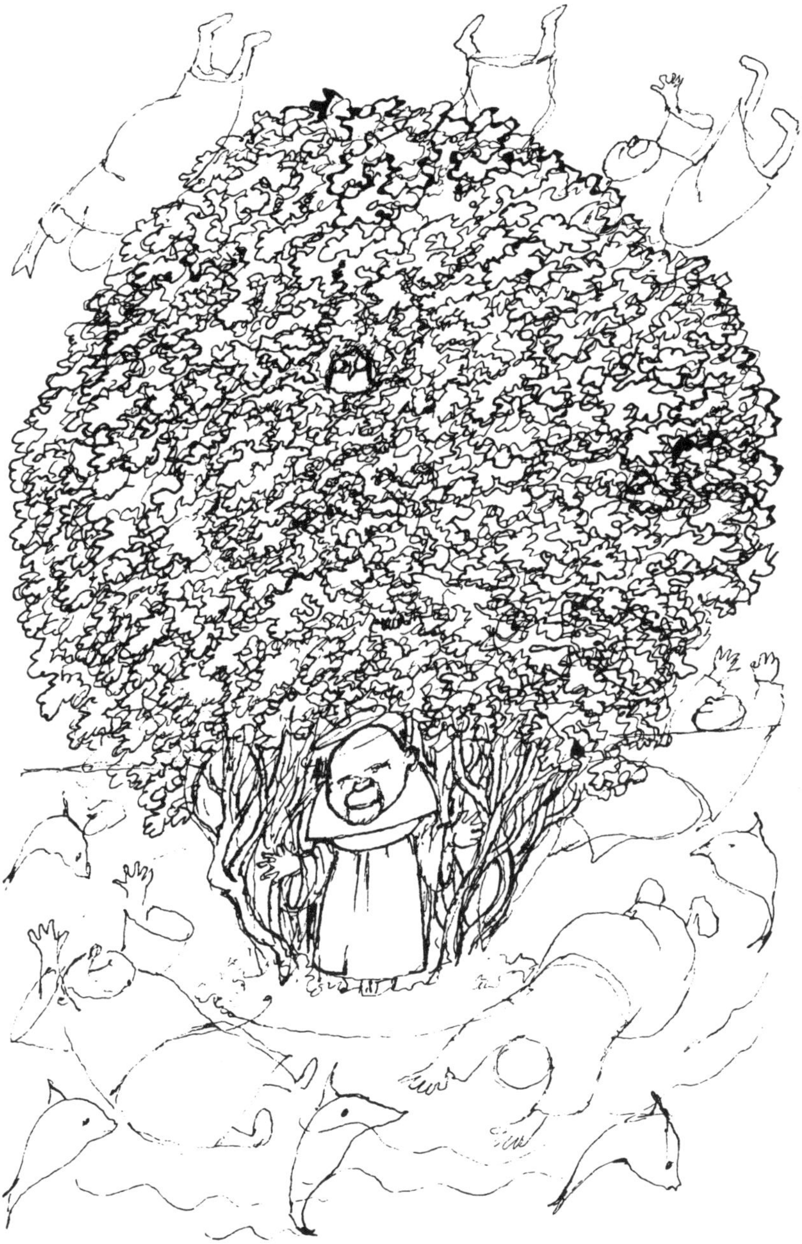

Der Schnupfen

Ein Schnupfen hockt auf der Terrasse,
auf daß er sich ein Opfer fasse

— und stürzt alsbald mit großem Grimm
auf einen Menschen namens Schrimm.

Paul Schrimm erwidert prompt: „Pitschü!"
und haut ihn drauf bis Montag früh.

DER SCHNUPFEN

Ein Schnupfen hockt auf der Terrasse,
auf daß er sich ein Opfer fasse

– und stürzt alsbald mit großem Grimm
auf einen Menschen namens Schrimm.

Paul Schrimm erwidert prompt: »Pitschü!«
und *hat* ihn drauf bis Montag früh.

Brief einer Klabauterfrau

›Mein lieber und vertrauter Mann,
entsetzlieber Klabautermann,
ich danke dir, für was du schreibst
und daß du noch vier Wochen bleibst.

Die ‚Marfa' ist ein schönes Schiff,
vergiß nur nicht das Teufelsriff;
ich lebe hier ganz unnervos,
denn auf der Elbe ist nichts los.

Bei einem Irrlicht in der Näh
trink manchmal ich den Fünfuhrtee,
doch weil sie leider Böhmisch spricht,
verstehen wir einander nicht.

1. 6. 04. Stadt Trautenau.
Deine getreue Klabauterfrau.‹

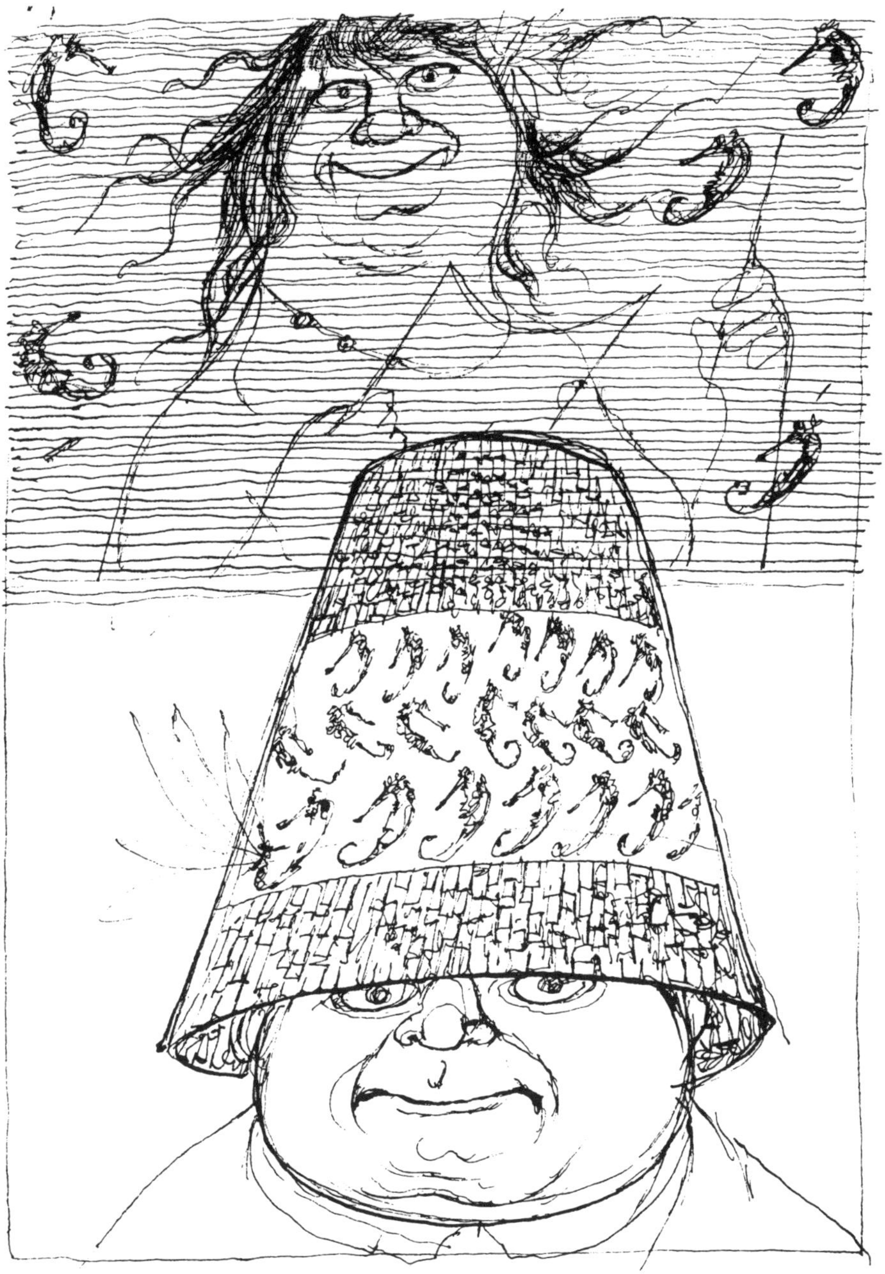

DER PAPAGEI

Es war einmal ein Papagei,
der war beim Schöpfungsakt dabei
und lernte gleich am rechten Ort
des ersten Menschen erstes Wort.

Des Menschen erstes Wort war A
und hieß fast alles, was er sah,
z. B. Fisch, z. B. Brot,
z. B. Leben oder Tod.

Erst nach Jahrhunderten voll Schnee
erfand der Mensch zum A das B
und dann das L und dann das Q
und schließlich noch das Z dazu.

Gedachter Papagei indem
ward älter als Methusalem,
bewahrend treu in Brust und Schnabel
die erste menschliche Vokabel.

Zum Schlusse starb auch er am Zips.
Doch heut noch steht sein Bild in Gips,
geschmückt mit einem grünen A,
im Staatsschatz zu Ekbatana.

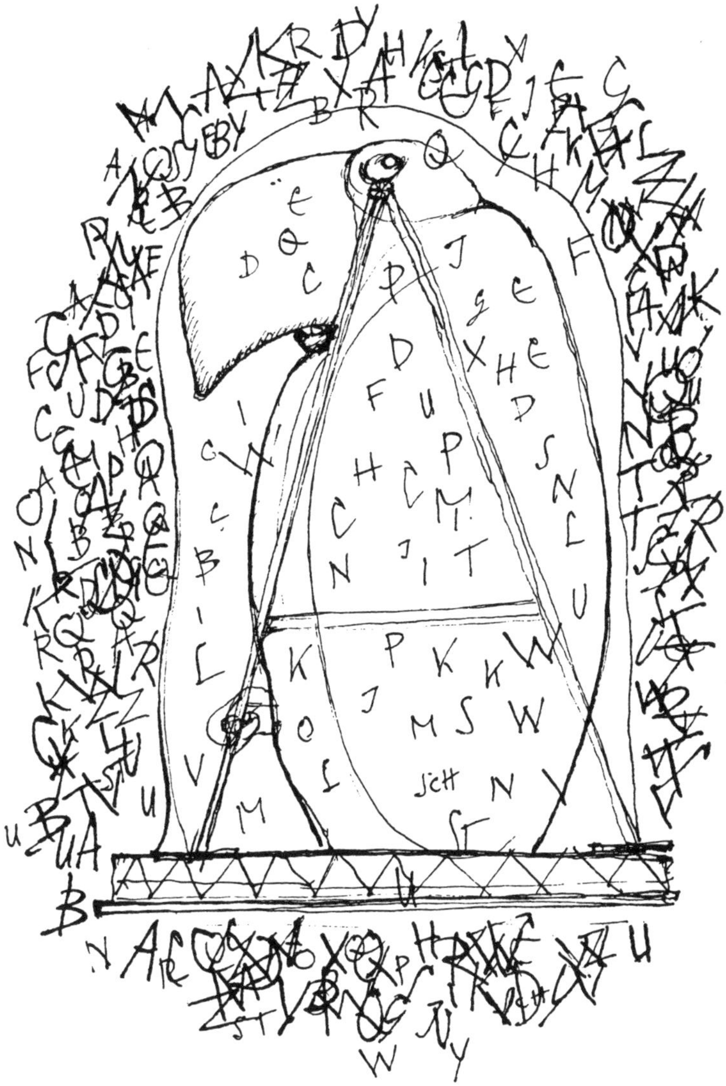

Der Wasseresel

Der Wasseresel taucht empor
und legt sich rücklings auf das Moor.

Und ordnet künstlich sein Gebein,
im Hinblick auf den Mondenschein:

So, daß der Mond ein Ornament
auf seines Bauches Wölbung brennt ...

Mit diesem Ornamente naht
er sich der Fingur Wasserstaat.

Und wird von dieser, rings beneidet,
mit einem Doktorhut bekleidet.

Als Lehrer liest er nun am Pult,
wie man durch Geist, Licht und Geduld

verschönern könne, was sonst nicht
in allem dem Geschmack entspricht.

Er stellt zuletzt mit viel Humor
sich selbst als lehrreich Beispiel vor.

»Einst war ich meiner Dummheit Beute«, –
so spricht er – »und was bin ich heute?

Ein Kunstwerk der Kulturbegierde,
des Waldes Stolz, des Weihers Zierde!

Seht her, ich bring euch in Person
das Kunsthandwerk als Religion.«

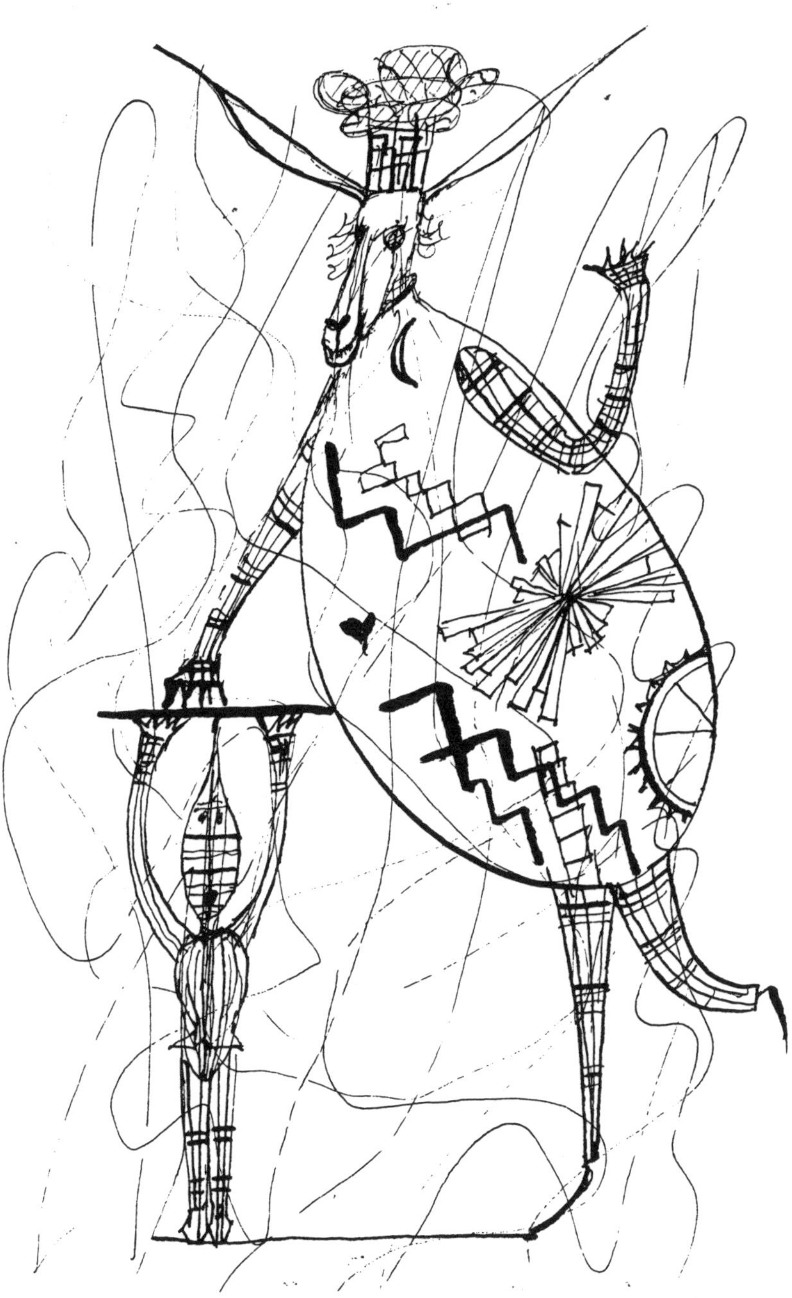

Das Löwenreh

Das Löwenreh durcheilt den Wald
und sucht den Förster Theobald.

Der Förster Theobald desgleichen
sucht es durch Pirschen zu erreichen,

und zwar mit Kugeln, deren Gift
zu Rauch verwandelt, wen es trifft.

Als sie sich endlich haben, schießt
er es, worauf es ihn genießt.

Allein die Kugel wirkt alsbald:
Zu Rauch wird Reh nebst Theobald ...

Seitdem sind beide ohne Frage
ein dankbares Objekt der Sage.

Der kulturbefördernde Füll

Ein wünschbar bürgerlich Idyll
erschafft, wenn du ihn trägst, der Füll.

Er kehrt, nach Vorschrift aufgehoben,
die goldne Spitze stets nach oben.

Wärst du ein Tier und sprängst auf vieren,
er würde seinen Saft verlieren.

Trag einen Füll drum! (Du verstehst:
Damit du immer aufrecht gehst.)

DIE DREI WINKEL

Drei Winkel klappen ihr Dreieck
zusammen wie ein Gestell
und wandern nach Hirschmareieck
zum Widiwondelquell.

Dort fahren sie auf der Gondel
hinein in den Quellenwald
und bitten die Widiwondel
um menschliche Gestalt.

Die Wondel – ihr Dekorum
zu wahren – spricht Latein:
»Vincula, vinculorum,
in vinculis Fleisch und Bein!«

Drauf nimmt sie die lockern Braten
und wirft sie in den Teich: –
Drei Winkeladvokaten
entsteigen ihm alsogleich.

Drei Advokaten stammen
aus dieses Weihers Schoß.
Doch zählst du die drei zusammen,
so sind es zwei rechte bloß.

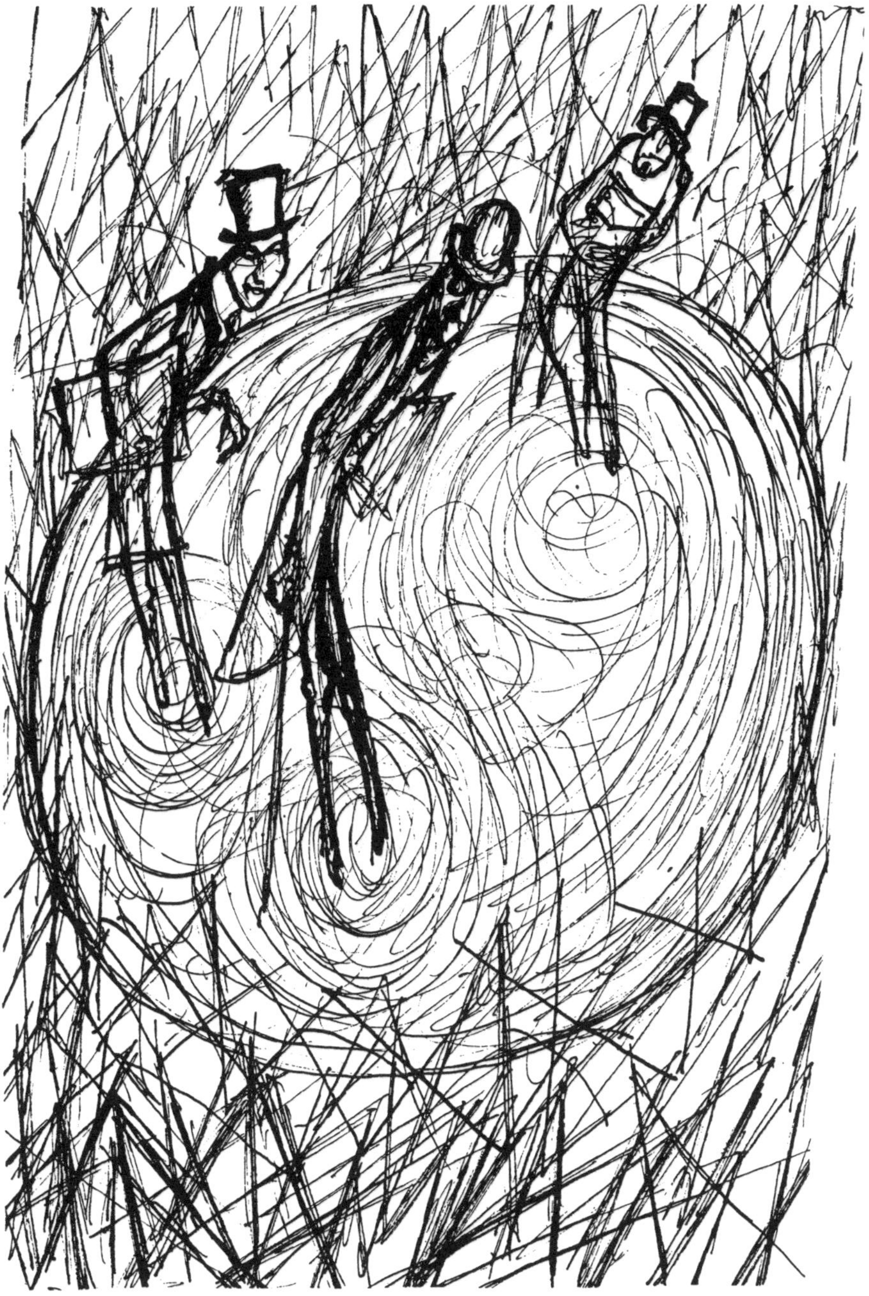

Lebens-Lauf

Ein Mann verfolgt einen andern
(aus Deutz). (Er selber war aus Flandern.)

Der Deutzer, just kein großer Held,
gibt unverzüglich Fersengeld.

Der Fläme sagt sich: »Ei, nun gut!«
und sammelt es in seinen Hut.

Und sammelt bis zur finstern Nacht,
und morgens, als der Hahn erwacht

und jener weiter flieht, voll Reue,
da füllt er seinen Hut aufs neue.

Durch ganz Europa geht es so.
Sie sind bereits am Flusse Po.

Sie sind in Algier ungefähr,
da ist der eine Millionär.

Wie – Millionär? O Allahs Güte!
Sein Schatz mißt hunderttausend Hüte.

Nein: Legionär – dies ist das Wort!
Und jener sagts ihm auch sofort.

Und beide teilen sich das Geld
und Kaufen sich dafür die Welt.

− − − − − − −

Tief in Marokko steht ein Kreuz,
da ruhn die aus Brabant und Deutz,

die beiden fremden Legionäre.
O Mensch, das Geld ist nur Schimäre!

Der Vergess

Er war voll Bildungshung, indes,
soviel er las
und Wissen aß,
er blieb zugleich ein Unverbeß,
ein Unver, sag ich, als Vergeß;
ein Sieb aus Glas,
ein Netz aus Gras,
ein Vielfreß –
doch kein Haltefraß.

DER VERGESS

Er war voll Bildungshunger, indes,
soviel er las
und Wissen aß,
er blieb zugleich ein Unverbeß,
ein Unver, sag ich, als Vergeß;
ein Sieb aus Glas,
ein Netz aus Gras,
ein Vielfraß —
doch kein Haltefraß.

Christian Morgenstern

Es pfeift der Wind ...

Es pfeift der Wind. Was pfeift er wohl?
Eine tolle, närrische Weise.
Er pfeift auf einem Schlüssel hohl,
bald gellend und bald leise.

Die Nacht weint ihm den Takt dazu
mit schweren Regentropfen,
die an der Fenster schwarze Ruh
ohn End eintönig klopfen.

Es pfpfeift der Wind. Es stöhnt und gellt.
Die Hunde heulen im Hofe. –
Er pfeift auf diese ganze Welt,
der große Philosophe.

*So pfeift sich das an zur Zeit
der große Philosoph*

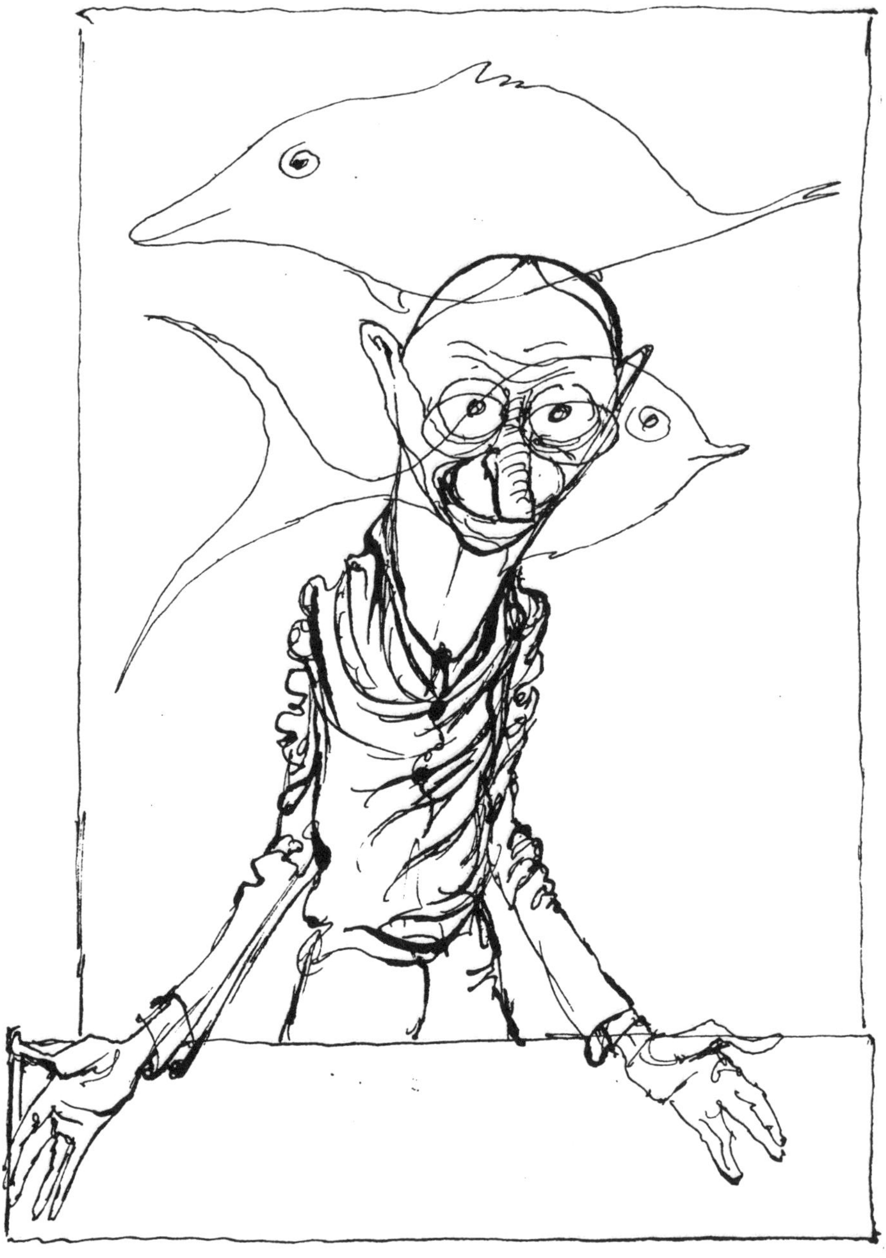

NACHWORT

Vereinzelte Federzeichnungen von Fritz Fischer (1911-1968) zu Christian Morgensterns zwischen 1905 und 1919 erstmals veröffentlichten lyrischen Grotesken entstanden bereits in den fünfziger Jahren. In den Sechzigern jedoch durchziehen sie sein Werk mit solcher Konsequenz, daß die Bedeutung des Themas für Fischer offensichtlich wird.[1] Um so erfreulicher ist es deshalb, daß sich mit Curt Visel ein Verleger dieser Illustrationen annahm. Neben fünf weiteren Bänden mit Zeichnungen Fischers zwischen 1965 und 1985[2] konnten so 1969 die »Galgenlieder« und im darauffolgenden Jahr »Palmström« von Morgenstern erscheinen. Die Sammlung »Palma Kunkel« samt einiger Gedichte aus »Gingganz« schließt diese Reihe sinnvoll ab.
Die posthume Herausgabe bringt es mit sich, daß nicht der Zeichner selbst die Illustrationen bestimmte. Die ausgewählten Exemplare bilden einen Querschnitt zum Thema aus ungefähr den letzten fünf Lebensjahren und sind dementsprechend stilistisch weniger einheitlich als eine geschlossen erstellte Folge. Da Fischer selbst jedoch in seinen Blöcken oft ähnlich vorging und jeweils Gelungenes aus mehreren Jahren zusammenstellte, erscheint diese Vorgehensweise legitim. Auch die zusätzliche Markierung von seiner Ansicht nach reproduktionsreifen Zeichnungen erleichterte die Auswahl. So ergibt sich eine Vielfalt der Fischerschen Motiv- und Formenwelt, die wesentliche Aspekte seines Gesamtwerkes umfaßt:
Mit dem sorgfältigen Abschreiben begann zumeist Fischers Auseinandersetzung mit dem Text. Von den Morgenstern-Gedichten wie auch von umfangreicher Prosa liegen nahezu komplette »Privatausgaben« (Fischer) vor. Ihr Sinn besteht in dem Vertrautwerden des Zeichners mit der Literatur sowie vor allem in dem Entwurf einer jeweils als ideal empfundenen Gestaltung. Kaum denkbar ist beispielsweise eine Trennung von Text und Bild in der »Anfrage« und in »Der Meilenstein«,

---

[1] Einen Einblick in den Nachlaß gewährte mir in großzügigster Weise Frau Carla Bing, die Tochter des Künstlers, der ich an dieser Stelle herzlich danke.
[2] Siehe Fritz Fischer, Werkkatalog der illustrierten Bücher 1935-1984, Memmingen (1984), Künstlermonographien Bd. 5, im folgenden zitiert als »WV«.

dessen Tannenschraffuren den Meilenstein selbst und einen Kreis ihn rahmender Gesichter in der Art eines Vexierbildes aussparen.[3]

Die Fabulierlust des Märchenzeichners – Fischer illustrierte u. a. die Märchen nach Afanasjew (WV 1), Andersen (WV 2), den Brüdern Grimm (WV 33) und Hauff (WV 37) – wird spürbar im »Brief einer Klabauterfrau«. Dem füllig-heiteren Wasserweib mit seinem Papierbogen ist der passende Gemahl gleichsam vorgeblendet. Passend zur Sagenhaftigkeit vom »Löwenreh« erweckt der Baum, hinter dem sich der Jäger verbirgt, mit seinem aus knorrig verschnörkelten Strängen wie aus Gliedern zusammengesetzten Stamm einen äußerst lebendigen Eindruck.

Ausgesprochen erzählerisch wirkt auch die Zeichnung der drei um das »Perl-Huhn« versammelten Schweine zu »Tertius gaudens«. Die – wenngleich karikaturistisch leicht übersteigerte – »Naturgetreue« der die Perlen verschmähenden Rüsseltiere entspricht nicht nur Morgensterns Beschreibung, sondern auch einem ganz persönlichen Interesse Fischers. Während seiner regelmäßigen Zoobesuche fertigte er unzählige Tierstudien an, die allerdings häufig, ähnlich wie in »Der Papagei«, in abstrakte oder formverwandte Strukturen eingebunden sind oder in Kombination mit Palmström »im Tierkostüm« (vgl. »Palmström«, S. 34) einen komischen Effekt erhalten. Diese Studien bilden die Grundlage beispielsweise für die souverän geschwungenen Linien, mit denen Fischer in »Der Sperling und das Känguruh« die verschiedenen Positionen des letzteren umreißt. Leicht fiel dem Zeichner auf dieser Basis auch der Nachvollzug der Morgensternschen Mischformen wie »Das Geierlamm«. Die Komik dieser ungemein dümmlichen Gestalt steigerte Fischer noch, indem er sie auf einem Felsensockel postierte und ihr mittels Sonne oder Vollmond einen ebenso unangebrachten wie überdimensionalen Heiligenschein verlieh.[4]

Einen krassen Gegensatz zu den weitgehend naturgetreu dargestellten Tieren bildet »Der Wasseresel«. Seine transparente, also hohle oder

---

3 Vgl. »Galgenlieder« (WV 71), S. 11, 26, 37 und 68 f., »Palmström« (WV 72), S. 12 und 26 f.

4 Vgl. in den »Galgenliedern«: »Neue Bildungen, der Natur vorgeschlagen«, S. 34 f., aber auch S. 52, 54 f. und 103.

wassergefüllte Gestalt, deren winziger Kopf und Gliedmaßen vom Bauch dominiert werden, ist bedeckt von verschiedenen Mustern. Es sind charakteristische Elemente aus Zeichnungen Paul Klees[5], die 1951 in der Insel-Bücherei Nr. 294 abgebildet und seit Mitte der fünfziger Jahre von Fischer in seinen zahlreichen sogenannten »Klee-Paraphrasen« immer wieder variiert wurden. Sie spiegeln zum einen die lebhafte Auseinandersetzung mit dem von Fischer hochgeschätzten Klee, leiten aber auch zu seinen Karikaturen auf den Kunstbetrieb über, in denen ein allzu abstraktionsgläubiges und interpretierfreudiges Fachpublikum – häufig übrigens wiederum mit Hilfe Palmströms[6] – persifliert wird. Genau dieses nun geschieht auch in Morgensterns »Wasseresel«-Gedicht und ebenso in »Der Aesthet«. Letzterem fügte Fischer aus Georg Christoph Lichtenbergs Aphorismen den Satz hinzu: »Wenn er sprach, so fielen in der ganzen Nachbarschaft die Mäusefallen von selbst zu.« Ein dritter Seitenhieb auf die »Ästheten« ist »Das Nilpferd«, das, von diesen als Wappentier vereinnahmt, zugrunde gehen muß. Bei Fischer mutiert es folglich vom stämmig-zufriedenen Dickhäuter zum feingliedrigen Ornament mit Klee-Herzchen.

Eine Anleihe von Klee ist auch das vereinzelte Tierchen aus der Zeichnung »Was geht's mich an?«[7], welches Fischer in »Das Grab des Hunds« verlegte. Eingeschlossen ist es hier in zahlreiche Ovale aus Zinnenkonturen, die Fischers gelegentliche Verwendung des Ornaments als Bildmittel demonstrieren. Besonders eindrucksvoll zeigen dieses auch die kunstvoll geschwungenen Honigbänder »Auf dem Fliegenplaneten«, sowie die gegeneinander verschobenen Ovale um den Fluchtpunkt der Zeichnung zu »Der Ginggang« und die konzen-

---

5 Vgl. im Insel-Taschenbuch das Karo-Muster u.a. in »Reisefieber, präzisiert«, Nr. 22, die Rosette in »Botanischer Garten«, Nr. 21, das Herzchen in »Schwestern vom Stamme der Gorgo«, Nr. 31, usw. Die Figur des kleinen Tischatlanten ist angelehnt an die Mittelfigur aus »Militärischer Spuk«, Nr. 26.
6 Eines der schönsten Beispiele ist ein Exemplar der Zeitschrift »Das Kunstwerk«, Januar 1964, in dessen Abbildungen Fischer Palmström und dessen Freund Herrn von Korf hineinzeichnete, deren sichtliches Bemühen um das Verständnis der modernen Gebilde zum Scheitern verurteilt ist. Palmström und von Korf beschäftigen sich auch bei Morgenstern mit zeitgenössischen Kunstphänomenen, vgl. »Palmström«, »Bilder«, S. 84f. und »L'art pour l'art«, S. 87.
7 Insel-Bücherei Nr. 294, Abb.-Nr. 29.

trischen Ovale in der entsprechenden Vignette. Einige der Illustrationen sind insgesamt einer ornamentalen Form untergeordnet, so etwa »Das Einhorn« und der »Lebens-Lauf«. Bei diesem Lauf um das Geld wird ein weiteres häufig genutztes und dem Comic verwandtes Stilmittel erkennbar: Es ist die Wiederholung derselben Figuren zur Darstellung ihres Bewegungsablaufes. Mit dem Ornament und der Wiederholung schließen sich die Illustrationen auch formal sehr passend an die Gedichte mit ihrer künstlichen Sprachform und der gelegentlichen Verswiederholung an.

Ornament und Hintergrundstruktur wie in »Der Zwi« verbinden sich beim »Denkmalswunsch« zur gegenständlichen, tiefenlosen Bildfläche, deren Kleinteiligkeit und die gleichsam beschwingten Blasenlinien die heitere Phantasie des Gedichtes bildlich umzusetzen vermögen. Das dichte, ebenfalls kleinteilige Gekritzel zu »Vice versa« wird erst durch den eingesetzten Hasen und die winzige Gestalt des Jägers als Wiese deutbar und scheint Momente späterer Zeichnungen des französischen Cartoonisten Jean Jacques Sempé (geb. 1932) vorwegzunehmen. Das geradezu plastische Hinausheben des hinter seinem übergroßen Fernglas verschwindenden Jägers durch eine kleine Anhöhe über den oberen Bildrand ist eine besonders gelungene Kompositionsidee.

Neben diesen teilweise abstrakten gibt es auch eine gänzlich ungegenständliche Illustration: grobe, zwischen sehr breit und schmal oszillierende Federstriche bewegen sich in unregelmäßigen Kurven und Zakken neben dem Gedicht »Ein böser Tag« über die Fläche. Sie scheinen den noch zweimal wiederholten ersten Vers »Wie eine Hummel brummt mein Geist« ins Bild zu setzen. Ob Fischer an dieser Stelle ernsthaft einen Anlaß wahrnahm, Ungegenständliches in die Illustration einzubringen, oder ob hier – wie in einer ähnlichen Zeichnung in seinem kritischen Zeichenbuch »Contra«[8] – ein moderner Künstler persifliert wird, ist nicht mehr auszumachen.

---

8 1963, 24,5 × 16,5 cm, naturfarbener Ganzleinenband, 203 Bütten-Seiten mit 108 Zeichnungen, im Nachlaß; auf S. 73 eine offensichtliche Persiflage auf Peter Brüning (geb. 1929) mit einem Zitat des Künstlers auf S. 72 aus: Wolfgang Rothe, Wegzeichen im Unbekannten, Neunzehn deutsche Maler zu Fragen zeitgenössischer Kunst, Heidelberg 1962, S. 94.

Auf diese Weise begleiten und erhellen die Zeichnungen den Text auf eine so passende, skurrile und spielerisch heitere Weise, daß sie einerseits unlösbar mit Fischers Werk und Wesen verbunden, andererseits aber auch als Morgenstern-Illustrationen gleichsam unersetzbar scheinen. Sie lassen die Geistesverwandtschaft der beiden Künstler deutlich werden, die vielleicht mit einem der Lichtenberg-Zitate erhellt wird, das Fischer dem »Gingganz« beigab, und das zugleich einen gemeinsamen Zug von Zeichner und Dichter erfaßt: »Er war ein solch aufmerksamer Grübler, ein Sandkorn sah er immer eher als ein Haus.«

Birgit Löffler

Inhaltsverzeichnis

Muhme Kunkel	5
Exlibris	6
Wort-Kunst	6
Das Forsthaus	7
Der Papagei	8
Lore	8
Lorus	9
Gegensätze	10
Der Kater	10
Der Bart	11
Der Droschkengaul	12
Die Zirbelkiefer	13
Mopsenleben	13
Der Meilenstein	14
Täuschung	14
Vice versa	16
Die wiederhergestellte Ruhe	19
Auf dem Fliegenplaneten	20
Das Perlhuhn	22
Das Einhorn	24
Die Nähe	26
Der Salm	27
Die Elster	28
Anfrage	32
Antwort (i. A.)	34
Entwurf zu einem Trauerspiel	36
Das Butterbrotpapier	38
Droschkengauls Jännermeditation	40
Das Auge der Maus	40
Die Schuhe	41
Das Tellerhafte	42
Schicksal	43
Zwischendurch	43
Das Grab des Hundes	46
Der gestrichene Bock	47
Das Nilpferd	48

Naturspiel	50
Tertius gaudens	52
Der Sperling und das Känguruh	54
Das Geierlamm	56
Der Zwi	58
Der Leu	60
Unter Spiegelbildern	61
Deus Artifex	63
Die Fledermaus	64
Das Buch	65
Die Unterhose	66
Ein böser Tag	68
Der Korbstuhl	68
Geburtsakt der Philosophie	70
Plötzlich...	70
Physiognomisches	70
Rondell	72
Die zwei Parallelen	73
Denkmalswunsch	74
Der Gingganz	79
Der Ästhet	81
Die Oste	82
Der heilige Pardauz	84
Der Schnupfen	87
Brief einer Klabauterfrau	88
Der Papagei	90
Der Wasseresel	92
Das Löwenreh	94
Der kulturbefördernde Füll	95
Die drei Winkel	96
Lebens-Lauf	98
Der Vergeß	100
Es pfeift der Wind...	102
Nachwort	105

CHRISTIAN MORGENSTERN: Palma Kunkel

nebst vierzehn Gedichten aus »Gingganz«

mit 50 Zeichnungen von Fritz Fischer

aus dem Nachlaß des Künstlers

und einem Nachwort von Birgit Löffler

Copyright 1995 by Edition Curt Visel, Memmingen

Alle Rechte vorbehalten.

Das Werk wurde aus der 10/12 Punkt Walbaum Antiqua gesetzt und in 550 Exemplaren gedruckt bei der MZ-Verlagsdruckerei GmbH in Memmingen, gebunden von der Buchbinderei Norbert Klotz in Jettingen.
Eine Vorzugsausgabe von 50 numerierten Exemplaren ist in Halbpergament mit Überzug in Roma-Bütten von Drissler gebunden und enthält, separat beigefügt, eine Handzeichnung von Fritz Fischer aus seinen Skizzenbüchern. Das Blatt ist mit dem Stempel »Nachlaß Fritz Fischer« versehen und in der Nachlaßkartei verzeichnet.

ISBN 3-922406-64-5

für die Vorzugsausgabe

ISBN 3-922406-65-3